MODERN HUMANITIES RESEARCH ASSOCIATION
CRITICAL TEXTS
VOLUME 84

Le Claperman

L'Âne d'or

BY ALEXIS PIRON

MODERN HUMANITIES RESEARCH ASSOCIATION
CRITICAL TEXTS

The MHRA Critical Text series aims to provide affordable critical editions of lesser-known literary texts that are out of copyright or are not currently in print (or are difficult to obtain). The texts are taken from the following languages: English, French, German, Italian, Portuguese, Russian, and Spanish. Titles are selected by members of the distinguished Editorial Board and edited by leading academics. The aim is to produce scholarly editions rather than teaching texts, but the potential for crossover to undergraduate reading lists is recognized.

Editorial Board
Chair: Dr Jessica Goodman (University of Oxford)
English: Dr Stefano Evangelista (University of Oxford)
French: Dr Jessica Goodman (University of Oxford)
Germanic: Professor Ritchie Robertson (University of Oxford)
Hispanic: Professor Ben Bollig (University of Oxford)
Italian: Professor Jane Everson (Royal Holloway, University of London)
Portuguese: Professor Stephen Parkinson (University of Oxford)
Slavonic: Professor David Gillespie (University of Bath)

texts.mhra.org.uk

Le Claperman
L'Âne d'or

By Alexis Piron

Edited by Derek Connon

Modern Humanities Research Association
Critical Texts 84
2022

Published by

The Modern Humanities Research Association
Salisbury House
Station Road
Cambridge CB1 2LA
United Kingdom

© Modern Humanities Research Association 2022

Derek Connon has asserted his right under the Copyright, Designs and Patents Act 1988 to be identified as the author of this work. Parts of this work may be reproduced as permitted under legal provisions for fair dealing (or fair use) for the purposes of research, private study, criticism, or review, or when a relevant collective licensing agreement is in place. All other reproduction requires the written permission of the copyright holder who may be contacted at rights@mhra.org.uk.

First published 2022

ISBN 978-1-83954-254-1

For Benjamin

CONTENTS

Acknowledgements	ix
Introduction	1
Le Claperman	21
L'Âne d'or	81
Appendix: *Le Clapperman de Ternate*	137
Select Bibliography	145

ACKNOWLEDGEMENTS

My thanks to Ceri Davies, Guido Bonsaver, and Pius ten Hacken for help with, respectively, the Greek, Italian, and Dutch languages, and to Jessica Goodman, Gerard Lowe, and Gillian Pink for their editorial work. Thanks to Carolyn and Benjamin for being there.

INTRODUCTION

The history of the Fair theatres in the late seventeenth and early eighteenth centuries is that of a struggle by the entrepreneurs and actors to stage their entertainments in an environment dominated by official theatres that held monopolies on various types of performance. They operated at the Foire Saint-Germain, which ran in the period leading up to Easter, and the Foire Saint-Laurent, which ran during most of August and September. The acting troupes had their origins in various entertainments, including groups of acrobats, who began to use narrative elements to unify their performances, puppet shows, animal acts, and mountebanks, who used elements of performance to attract potential customers; from these simple beginnings, by the time of the performances of the first plays published in the *Théâtre de la Foire*, the extensive anthology of Fair plays edited by Alain-René Lesage and Jacques-Philippe d'Orneval,[1] they were performing in theatres sophisticated enough to permit some spectacular stage effects. They also took advantage of the disbanding of the old Italian troupe by Louis XIV in 1697,[2] filling the resulting gap by adopting, even in those plays newly written for them by French dramatists, their cast of *commedia dell'arte* archetypes. This brought about one of the most characteristic and unusual features of the Fair companies: French actors performed to French audiences plays written in French by French authors that, even though they came to make use of significant French elements, nevertheless had at their centre a core of archetypal characters derived from traditional Italian theatre. Odd as this may seem, the longevity of their activities, the number of authors who wrote for them, and the number of plays created for them are testimony to the success of the formula.

The official troupes with their monopolies were, however, a major obstacle to the Fair theatres: the Théâtre Français held a monopoly on performances of dialogue in French, the new Théâtre Italien, when it was invited by the regent Philippe d'Orléans to establish itself in Paris in 1716, took over the monopoly on dialogue in Italian granted to the old Italian troupe, and the Académie Royale de Musique — the Opéra — held the monopoly on the performance of music and

---

[1] *Le Théâtre de la Foire; ou, L'Opéra comique*, published between 1721 and 1737, was in ten volumes; the last of these, designated not as volume ten, but as a second ninth volume, was edited not by the original team, but by Denis Carolet. The collection begins with plays first performed in 1713.
[2] For more information on the old Italian troupe, see Virginia Scott, *The 'Commedia dell'Arte' in Paris, 1644–1697* (Charlottesville: University Press of Virginia, 1990).

dance.³ In their early days, the Fair companies experimented with various ways of overcoming these monopolies: mime plays, plays in nonsense languages, monologues. One of the most inventive of their solutions was the *pièce à écriteaux*, or 'placard play', in which placards containing the dialogue of the characters were lowered from the flies, and the text was sung by the audience to well-known tunes.⁴ However, an important development occurred in 1714, when the Opéra, which was always in need of funds (opera was ever the most expensive art form to mount), sold to the troupe led by the actor Dominique the right for the actors themselves to sing. The technique of setting the new dialogue to well-known tunes, known as vaudeville, was clearly necessary for the audience to be able to sing the music in the *pièces à écriteaux* as this would work only with music they already knew (for the same reason the technique had already been used by the sellers of satirical songs centred on the Pont Neuf), but it continued to be used by the Fair companies, at least for the majority of the music in their plays, even when the actors could sing themselves. Perhaps this was because the use of familiar melodies was popular with audiences, perhaps it was because it made it easier for actors who were not professional singers to cope with an ever-changing repertoire, or perhaps it was a combination of both.⁵ The authors would add between the songs as much linking dialogue as they dared, and the form called *opéra-comique* was born; this would become the main stock in trade of the Fair theatres.⁶

---

³ These rules were not hard and fast; the old Italian troupe had gained from the king himself permission to perform in French, something which continued with the new company, and they and the French company both included music and dance in their productions where appropriate, but the monopoly holders did enforce the rules against unofficial theatrical troupes like those of the Fair theatres.
⁴ The first three plays in the *Théâtre de la Foire* are of this type.
⁵ The exceptions were most often, although not exclusively, specially composed finales. On this and other aspects of the use of music in the plays, see the section 'Piron's use of music' below. On the use of music generally at the Fairs see: Derek Connon, 'Music in the Parisian Fair theatres: medium or message?', *Journal for Eighteenth-Century Studies*, 31 (2008), 119–35; Philip Robinson, 'Les Vaudevilles: un médium théâtral', *Dix-huitième siècle*, 28 (1996), 431–47; Françoise Rubellin, 'Lesage parodiste', in *Lesage, écrivain (1695–1735)*, ed. by Jacques Wagner, Faux Titre, 128 (Amsterdam, Atlanta: Rodopi, 1997), pp. 95–123. Useful eighteenth-century collections of vaudeville tunes are to be found in the musical appendices to the various volumes of the *Théâtre de la Foire* and also in the collection by Jean-Baptiste-Christophe Ballard, *La Clef des chansonniers; ou, recueil des vaudevilles depuis cent ans et plus*, 2 vols (Paris: Ballard, 1717).
⁶ For additional information on the Fair theatres in general, see: [Parfaict frères], *Mémoires pour servir à l'histoire des spectacles de la Foire par un acteur forain*, 2 vols (Paris: Briasson, 1743); Michèle Venard, *La Foire entre en scène* (Paris: Librairie Théâtrale, 1985); Isabelle Martin, *Le Théâtre de la Foire: des tréteaux aux boulevards*, SVEC, 2002: 10 (Oxford: Voltaire Foundation, 2002); David Charlton, *Popular Opera in Eighteenth-Century France* (Cambridge: Cambridge University Press, 2022).

Nevertheless, opposition to the Fair companies continued: in 1718 they were banned completely, and, despite a tentative reopening in 1720, the agreement allowing the actors to sing was again withdrawn in 1722. The regular writers for the Fairs continued to write *opéra-comique*, which was by now their preferred form, but got round the law by having it performed by marionettes. This did not satisfy the acrobat and actor Francisque, who had only recently established himself in Paris, and who wanted to perform in person. Enter Alexis Piron.

As we are told by his friend Jean Antoine Rigoley de Juvigny in the 'Vie d'Alexis Piron' that introduces his 1776 edition of the author's works, Piron had arrived in Paris from his native Dijon in 1719, and found himself scraping a living as copyist to the Chevalier de Belle-Isle. Francisque approached him to write a monologue, a form not covered by the ban, and Piron produced in two days the tour de force in three acts *Arlequin-Deucalion*. Thus began Piron's career as dramatist and, initially at least, author for the Fair theatres.[7]

One of Piron's more endearing features being that he never seemed to be concerned about whom he might upset, in this play he satirizes not only the obvious enemies of the Fair theatres (the Théâtre Français, the Théâtre Italien, and the Opéra), but also the other Fair troupes who had taken the easy path of performing with marionettes, their authors (Lesage and Fuzelier are both named and shamed),[8] their preferred genre of *opéra-comique* (Apollo's attempts to communicate through the medium of vaudeville are so unsuccessful that Arlequin chases him from the stage), and even the theatre of the Fairs in general (Momus, seen as the presiding deity of the Fairs, appears in the person of the puppet Polichinelle, and persuades Arlequin to throw him into the sea because he is tired of talking nonsense). However, that this is a pose adopted for the purpose of this particular play in order to depict Francisque as the only performer strong enough to stand up to the forces acting against the Fairs is made clear by the fact that Piron went on to write or collaborate on about twenty works in *opéra-comique* form, mainly for the Fairs, but also for the Théâtre Italien.[9] These show great diversity in the choice of subjects, some based on topical issues, often

---

[7] *Œuvres complettes d'Alexis Piron*, ed. by Jean Antoine Rigoley de Juvigny, 7 vols (Paris: Lambert, 1776), I, 1–158 (pp. 28–42).

[8] As well as the former being one of the editors of the *Théâtre de la Foire*, Alain-René Lesage (1668–1747) and Louis Fuzelier (1672 or 1674–1752) were both extremely prolific writers for the Fairs.

[9] Rigoley includes in his complete works seventeen works in *opéra-comique* form entirely by Piron, two of which were written for the Italians; Pascale Verèb lists additional works, some collaborations and some lost, but it is not always clear which were *opéras-comiques* (see *Alexis Piron, poète (1689–1773); ou, la difficile condition d'auteur sous Louis XV*, Studies on Voltaire and the Eighteenth Century, 349 (Oxford: Voltaire Foundation, 1997), pp. 635–39). *Opéra-comique* was an unusual form for the Italians, and, in addition to the two works he wrote for them in this genre, Piron also provided them with a single play, *Les Enfants de la Joie*, in their more usual genre of spoken comedy.

treated allegorically, others based on pre-existing myths or literary works ranging from the *Roman de la rose* to the *Arabian Nights*,[10] as well as various classical subjects and four parodies.[11] Each of the two plays included here adapts a literary work, but both those works themselves and the manner of their adaptation differ significantly.

*
* *

Le Claperman was first performed at the Foire Saint-Germain in 1724. The Frères Parfaict in their *Mémoires pour servir à l'histoire des spectacles de la Foire* give the following details:

> Restier, Dolet & la Place associés, ouvrirent un theatre cette Foire & profitant d'une espéce de permission tacite, tant de la part de l'Opera, que des Comédiens François y représenterent avec leur troupe des piéces en Vaudevilles, mêlées de prose; ils donnerent entre autres LE CLAPERMAN, Piéce en trois Actes de Mr. *Piron*.[12]

Although they do specify elsewhere that the first performance took place in February,[13] neither they, nor Rigoley de Juvigny's edition of the complete works that I have used for the source text, give a precise date, but other sources suggest either the third or fourth of that month. Whilst the Parfaict brothers fail to comment on either the success or the quality of the work, Piron himself, with his characteristically self-deprecating sense of humour, apparently referred to it in a poem addressed to Francisque as 'l'insensé *Claperman*' and added in a note the explanation: 'Pièce bizarre qui eut un grand succès et qui ne valait rien'.[14] One indication of that success is the fact that, despite the transient nature of Fair theatre, it spawned a sequel: *L'Anti-Claperman; ou, le somnifère des maris* by Denis Carolet.[15]

---

[10] See *La Rose* and *Le Fâcheux Veuvage* respectively.

[11] Although many of the works written for both the Fairs and the Théâtre Italien, particularly those with mythical or historical themes, were parodic in the wider sense of the term, the term *parodie* was generally used during this period to designate only those works that were satirizing a specific recent theatrical version of the theme in question.

[12] *Mémoires pour servir à l'histoire des spectacles de la Foire*, II, 17–18. In fact, it is in a prologue and two acts.

[13] Ibid., II, 190.

[14] The poem appears in the volume Piron, *Complément de ses œuvres inédites*, ed. by Honoré Bonhomme (Paris: Sartorius, 1866), pp. 277–79 (p. 278), but is problematically dated 1723, the year before *Le Claperman* was first performed. Whilst the notes were doubtless written after the poem itself, the references not only to *Le Claperman* but also to *Le Caprice*, which was performed later in 1724, in a narrative of past events in the text of the poem itself, suggest that, if the text is authentic, the date is wrong.

[15] The Frères Parfaict say in their catalogue of Fair plays that this was performed 'sans succès' (*Mémoires pour servir à l'histoire des spectacles de la Foire*, II, 170), but date it to 1723, another

Piron's play is based on a short text that appeared in different versions between 1718 and 1728, entitled *Le Clapperman de Ternate*. The publication of this work involves a group of four writers living in the Netherlands, one Dutch, the others French, but all writing mainly in French.[16] It first appeared as the single text in the issue for 13 June 1718 of *La Bagatelle*, a twice-weekly periodical published by the Dutch writer Justus van Effen (1684–1735) from May 1718 to April 1719, and reappeared in the first volume of a three-volume collected edition of all the issues in 1719.[17] Although he makes it clear that it is not by him, van Effen does not identify the author, but does add to it a commentary of his own. It then reappears without van Effen's commentary in the fourth edition of a collection of anecdotes entitled *Le Passe-tems agréable*, which was published in 1724. Whilst most of the editions of this publication are anonymous, the fourth claims on its title page to be 'corrigé et augmenté considérablement [...] par Mr. C. D. S. P.', and to contain 'des réflexions par Mr. J. D. R.'. These are Pierre Cartier de Saint Philip, a Frenchman living in Amsterdam, and Jean de Rochefort. We are able to identify the author of the text by its subsequent appearance under the title *Le Klapperman de Ternate* in the *Œuvres diverses* of Pierre de Julien-Scopon published in 1728.

Clearly this last version is too late to have been Piron's direct source, but, beyond this, any attempt to establish which version he did consult becomes pure speculation, although the fourth volume of *Le Passe-tems agréable* would have had to have appeared very early in 1724 to have served as the inspiration for a play performed on 3 or 4 February.[18] The anecdote surrounding the composition of *Arlequin-Deucalion* recounted by Rigoley de Juvigny provides evidence that Piron was capable of producing high-quality material very quickly, so it is tempting to imagine him discovering this version early in 1724 and excitedly dashing off his play in time for the opening of the Fair, but, given the practical demands of performance, this seems impossibly fast. Much more likely is that it was in either the periodical issue or the collected edition of *La Bagatelle* that he came across it. Further support for this hypothesis is found in the fact that these are the only published versions to include van Effen's commentary, and there is certainly evidence of links between that commentary and Piron's play: van Effen's disparaging comments on the morality of young women or on the frustration of married women at their husbands' sexual inactivity clearly resonate with aspects of Piron's work. Nevertheless, it is also true that both are common enough themes

---

problematic date, since the title of the play clearly indicates that it is a response to Piron's work. However, this is contradicted in another section of their work, the catalogue of authors, which gives 1724 (ibid., II, 297), confirming that 1723 must be a mistake. The text of this play is now lost.
[16] See the appendix for a more detailed version of what follows.
[17] *La Bagatelle; ou, Discours ironiques*, 3 vols (Amsterdam: Michel Charles Le Cène, 1719), I, 89–96.
[18] I have not been able to establish exactly when it did appear.

in comedy that Piron could very well have thought of them himself without any need for a specific source.

Clearly Piron was amused by the central idea of this brief text, that married men are so lazy and bored with their spouses that, in order to sustain population numbers, they need someone to wake them up with noise and a song to persuade them to carry out their conjugal duties; the idea that marriage is an antidote to sexual desire is a theme that he also uses elsewhere. Still, it seems too that the title, with the use of the word *clapperman*, had a particular appeal. *Klepperman* or *klapperman* is a Dutch term for a nightwatchman; the etymology tells us that he was originally equipped with a rattle, although the word clearly went on being used even when the rattle was replaced by other means of making noise, so that the source text tells us that he has a drum or a rattle, the fact that the drum is mentioned first presumably explaining why this is what Piron's character carries. But then the text concerns not a Dutch nightwatchman, but one from the Indonesian island city of Ternate. The use of this specifically Dutch word for a nightwatchman in a text in French concerning an island in the far East may be considered odd, even allowing for the fact that the island was in what was then the Dutch East Indies, and so under Dutch control. One may assume that Piron was conscious of this issue, so his attachment to the word is demonstrated by two aspects of the adaptation. First is the fact that he preferred to move the action to Holland rather than to make use of the original exotic location and sacrifice the word, although, interestingly, this term is the only piece of Dutch local colour in a play that has a cast of characters with names that have their roots in either the *commedia dell'arte* or French farce traditions. And he also provides a classical prologue, which, despite some fairly conventional social and literary satire, really has as its main function to explain the meaning of the term 'Claperman', when clearly a much simpler solution would have been to use a more conventional but less interesting term.

Piron, of course, has a reputation for ribaldry. He would object, perhaps with a certain justification, that the early *Ode à Priape*, which was largely responsible for earning him that reputation, was a *folie de jeunesse* that unjustly dogged him for the rest of his life.[19] Nevertheless, ribald humour is a feature of more than one of his texts for the Fairs, and his obvious amusement at the suggestiveness of *Le Clapperman de Ternate* leads him to build on this aspect of the tale in his own version.

---

[19] Perhaps even more unfair was the fact that this reputation was reinforced posthumously by the attribution to him of collections of *Œuvres badines*, anthologies of bawdy or even obscene texts, which appeared from 1796 (Paris: Les Marchands de Nouveautés), to as late as 1949 (Paris: Briffaut), and were composed largely of misattributed works, including items by Voltaire, Grécourt, and Jean-Baptiste Rousseau.

First of all, we will note that, whilst the song is an important feature of both the original text and Arlequin's job as Claperman, Arlequin's song is quite different from that in the source text. That original version tells the husbands precisely what is required of them and why, in terms that speak of duty and eschew all ribaldry. Arlequin's song, on the other hand, in talking of cleaning chimneys, has nothing at all to do with the matter in hand if taken literally, but is comically graphic if taken metaphorically; Arlequin himself, who appears not to understand the metaphorical meaning, is the only character to take it at face value; in keeping with van Effen's view of their lack of innocence, even young women like Olivette understand the song's not-so-hidden meaning, and audience members are unlikely to be any slower on the uptake.[20]

Piron surrounds the Claperman Arlequin with a cast of characters designed to highlight various aspects of the theme of sexual relations between men and women, whether married or single, with the couples M. and Mme Garguille and M. and Mme Gautier taking the central roles. The opening scenes clearly imply not only that M. Garguille, who shows no interest in his wife, is conducting an affair with his young servant Olivette, which he intends to continue after her marriage, but that the reason he is so anxious for her to be married off is because she is already pregnant by him. His desire to appoint a Claperman may well have come about because Apollo, as he announces in the prologue, has caused all local officials to have the idea, but M. Garguille intends to profit from it, for not only will Olivette's marriage solve the problem of her pregnancy, but by appointing the new husband of his mistress to the post he can ensure that he will be able to visit her every night while her husband is out at work. His neglected wife, on the other hand, despite her appearance of prudishness, reveals her frustration by bribing Arlequin with wine to ensure that he sings his song each morning at her door. And even though M. Gautier's complaints that he never sees his wife may initially suggest that he is an exception and does sexually desire her, she reveals disconsolately that all he ever does in bed is sleep. To prove that these are not isolated incidents, the first act ends with a chorus of married women bribing Arlequin to do his job well, whereas in the second act a group of men beat him up when he does so. The group of peasants we meet at the beginning of the second act confirm that these attitudes are not confined to the inhabitants of the town, as their menfolk too are interested in any women except for their wives.

---

[20] The figure of Arlequin can often assume an air of false naivety, and, of course, understanding when his naivety is false and when it is genuine could very much be affected by the manner of performance in the theatre. Still, this Arlequin is so persistent in repeatedly failing to understand not only this double-entendre, but other things too, and makes no comment when alone that might reveal that he is putting on an act, that I am inclined to believe that Piron intends us to think that his naivety is genuine.

Of course, it is traditional in comedy that, while all married characters are ill-married, marriage is the main desire of the young unmarried characters, so we may see Arlequin's enthusiasm at the prospect of being married to Olivette as conforming to that tradition. However, the true meaning of his comment when the offer is made in the second scene of the first act: 'Des femmes & du vin, j'en prends tant qu'on veut', will become apparent in the fifth scene, when he reveals that he has already married Perrette a fortnight earlier, making him yet another example of the general tendency that we have encountered so far for married men to be bored with their wives. In fact, the cast includes only a single unmarried man to represent the opposing view, the desire to get married, and that is Scaramouche, to whom Olivette was originally betrothed, and who, in his despair at losing her to Arlequin, threatens to hang himself, although we may note that even he is quickly consoled by the discovery of a bottle of wine.

A favourite theme of Piron's is the difference between appearance and reality; I have written elsewhere of his fondness for introducing into his plays a detail that seems to symbolize this theme.[21] This is clearly the function here of the incident in act II, scene 7, when Arlequin falls face down in the dark into something soft on the ground and fears the worst, only to discover, to his relief and pleasure, that it is a delicious cream cheese. Piron uses this same confusion between appearance and reality when he introduces the theme of cross-dressing. On the pretext that they have been to a party, he has M. Garguille dressed as a woman, and Mme Gautier as a man. The former is mistaken by M. Gautier for his wife, and the latter flirts with Mme Garguille, who is looking for her husband. As both couples disappear offstage, Piron gives us a little time to allow ourselves to imagine what might go on between them, before revealing when they reappear that, in fact, nothing untoward has happened: M. Garguille, it is true, has tried to kiss M. Gautier, but the latter, who was still angry, fought him off and then recognized his voice before things went any further; Mme Gautier revealed her true identity as soon as Mme Garguille began to flirt. Perhaps Piron had learnt his lesson from the problems caused by the slightly more risqué effects of sexual ambiguity in his 1722 play *Tirésias*, which led to the actors being sent to jail.[22]

---

[21] See *Identity and Transformation in the Plays of Alexis Piron* (London: Legenda, 2007), passim.

[22] During the action of that play, first performed in 1722, not only is the title character transformed into a woman, two of the female characters disguise themselves as men, and, rather than conceal them behind the scenes, as in *Le Claperman*, Piron makes much in his dialogue of the confusions that result. The first performance resulted in the entire troupe being thrown into prison, and, whilst it is true that the actor and impresario Francisque performed the play at a time when he was not allowed to use dialogue, which in itself certainly justified some punishment being meted out, Rigoley de Juvigny's account of the event in the 'Avertissement' that precedes the play in his edition suggests that the severity of the punishment was also influenced by the nature of the comedy: 'Quelle fut la surprise du Commissaire, quand les

The conclusion to the play could hardly be more rudimentary or perfunctory: Arlequin has gone back to the country with his wife, although his decision to stay with Perrette rather than choosing Olivette could not be said to represent an overwhelming display of conjugal devotion: 'Viens, Perrette! Retournons à notre village: choux pour choux, je m'en tiens encore à toi! & je te jure de ne me pas remarier, tant que tu vivras' (II. 15); the Gautiers and Garguilles are reconciled, although with no sense that the confusion brought about by the episode of cross-dressing has resolved their marital problems; and, because comedies always end with a marriage, the only available candidates, Scaramouche and Olivette, are married off. All pretence at realism is abandoned as Piron stresses the conventionality of this ending by the use of theatrical vocabulary ('toute Comédie doit finir par un mariage'; 'Il faudroit qu'il [Scaramouche] fût ici pour ce dénouement' (II. 16)), by having Scaramouche descend as a deus ex machina from the flies, and by a direct address to the audience, pointing out that 'ces Messieurs' will have seen divertissements even more badly motivated than the one that is about to end the play (II. 17). And to the dramatic cynicism of this ending, we can add the moral cynicism that Piron shares with van Effen, for any idea that this might be a 'happy' ending is compromised by the knowledge that the bride is pregnant by M. Garguille, who, by passing the post of Claperman on from Arlequin to Scaramouche, is ensuring that her new husband will be out of the way at night, and that he fully intends to cuckold him by carrying on his affair with her.

The pessimism concealed behind the forced gaiety of this dénouement harks back to the cynicism of the mythological prologue to the work, which, although seeming to be included, as I have noted, principally to introduce the term 'Claperman', adopts a common theme of Piron's by pointing out, with his aged Cupid, pregnant Calliope, and down-at-heel Apollo, that neither love, literature, nor music is what it used to be.

*
* *

The other play included here, *L'Âne d'or*, was performed later in the same year as *Le Claperman* at the Foire Saint-Laurent on 16 August 1724. The Frères Parfaict comment: 'Le Mercredi 16. Août, L'ANNÉE d'Or, & LE CAPRICE. Ces deux Pièces

---

Acteurs parurent, & qu'il les entendit parler! Il fallut bien, par respect pour le Public, laisser jouer la Pièce, qui excita des éclats de rire universels & continus, tant des Loges que de l'Amphithéâtre & du Parquet; mais la Pièce finie, & la toile baissée, Francisque, & toute sa troupe, allèrent coucher dans un cul de basse-fosse. On murmura de la rigueur de la punition, & le Commissaire n'en apporta point d'autre raison que la licence qui régnoit dans la Pièce' (*Œuvres complettes d'Alexis Piron*, IV, 439–53 (pp. 440–41)). See on the subject of cross-dressing in this play, Sharon Diane Nell, 'Trading Places: Dialogical Transvestites and Monological Gender Politics in Alexis Piron's *Tirésias* and *La Métromanie*'.

sont de Mr. *Piron*: la premiere en deux Actes fut foiblement reçûe.'[23] We note that their lack of enthusiasm extends even to getting the title wrong, and, although they correct this in their catalogue of plays, their judgment there is scarcely any more enthusiastic: 'On trouva dans cette Piéce, des endroits passables, peu de bons, & beaucoup d'ennuyeux.'[24] This judgement on the reception of the play is somewhat contradicted by the note in Rigoley de Juvigny's edition, which seems to be by Piron himself: 'Cette Pièce eut 40 représentations consécutives pendant 40 jours; mais je n'en fus ni plus vain, ni plus modeste pour cela'.[25] This significant number of performances suggests that the general public did not share the negative view of the Parfaict brothers.

The nature of the source text could hardly be more different from the brief and somewhat obscure contemporary piece from which Piron took inspiration for *Le Claperman*. The *Metamorphoses* of Lucius Apuleius (*c*. 124–*c*. 170), written in the mid- to late second century, is the only Latin novel to have survived complete. It became known quite early in its history, perhaps to differentiate it from the *Metamorphoses* of Ovid, as *Asinus aureus*, a title first recorded in *The City of God* of St Augustine (354–430),[26] where it is suggested that this variant title was used by Apuleius himself. This has generally been translated into English as *The Golden Ass*,[27] and into French as *L'Âne d'or*. There is no clear consensus about why the ass should be golden, and the term may well refer to the story rather than the animal itself; one suggestion is that the choice of adjective could have been influenced by the opening sentence of II. 20 of the *Epistulae* of Pliny the Younger: 'Assem para et accipe auream fabulam' — 'Get ready a penny, and hear a golden tale'. In any case, the golden element is certainly metaphorical: we are dealing with a living creature, not a metallic one, nor does Apuleius give any indication that its coat is of a colour that might inspire this epithet.

Whilst the work has a reputation for being bawdy, this generalization perhaps needs to be examined. During the course of the first nine of the eleven books, we encounter certain incidents that might justify this reputation: the central character Lucius, who shares the author's forename, and the servant girl Fotis enjoy an active sexual relationship before she accidentally brings about his

---

[23] *Mémoires pour servir à l'histoire des spectacles de la Foire*, II, 24.
[24] Ibid., II, 170.
[25] See below, note at the beginning of I. 1.
[26] *De civitate Dei*, XVIII. 18.
[27] In modern English, we would usually refer to the type of domestic beast of burden into which both Apuleius's Lucius and Piron's Arlequin are transformed as a donkey, rather than an ass. (Piron confirms this by the use of the more precise term 'baudet' in his text.) Occasionally, modern writers and translators have adopted the title *The Golden Donkey*, but *The Golden Ass* is not only well established as a title, it also sounds so much better that it seems perverse to question it; consequently, in order to avoid confusion, I have used the term 'ass' rather than 'donkey' throughout the introduction and notes.

transformation into an ass; later, Lucius, still in the form of an ass, has been put out to grass with horses, and aspires to couple with the mares, but is fought off by the stallions; a group of eunuch priests turn out to be sexually incontinent; three characters tell tales of marital infidelity and trickery that are very much in the same vein as the medieval *fabliaux*. It is difficult to imagine that any of this would have been judged at all shocking by the original Roman readers. In the context of eighteenth-century France, the subject matter would certainly all have been too racy for the Théâtre Français with the limitations of the *bienséances*, but could at least have been alluded to in a play for the Fairs, even if they would generally have stopped short of actually depicting it on stage.

However, in the tenth book we arrive at material that risks raising eyebrows even among twenty-first-century readers: a woman falls in love with the ass Lucius, and pays his current master handsomely to allow her to spend a night of passion with him. Encouraged by the profitability of this, the master plans a public performance in which a woman who has been sentenced for murder to be thrown to wild beasts will first be publicly violated by Lucius. Apuleius himself pulls the plug on this episode: it never happens because Lucius not only feels shamed by it, he also realizes that, if it were to go ahead, he too would fall victim to the wild beasts, and so he flees. It is at this point that we reach the eleventh and final book, where the goddess Isis appears to him and brings about his retransformation into a man, so this vein is pursued no further.

It should also be said that much of the novel is not bawdy at all. During the period of his transformation into an ass, Lucius is frequently mistreated, and so most of his adventures involve him trying to protect himself from danger and seeking the means of transforming himself back into a man; then in the mystical final book, after he has been restored to human form, he devotes himself to the cult of the goddess Isis. In addition, exactly as in the novel's successors in seventeenth- and eighteenth-century France, characters recount to each other numerous intercalated stories that have little or nothing to do with Lucius's own narrative, and if three of these are the bawdy *fabliau*-like tales mentioned above, others are tales of the supernatural that, while gruesome, are not erotic, and the longest, the story of 'Cupid and Psyche', which takes up a significant proportion of three of the eleven books of the novel and the fame of which risks overshadowing that of the rest of the text, is an elegant mythological novella, a tale of genuine romantic love.

The main action of Piron's play is based almost entirely on two episodes from Apuleius's narrative: in the first, which begins towards the end of book eight and concludes at the beginning of book nine, a cook attempts to kill the ass Lucius to serve his meat at a feast in order to conceal the fact that a dog has stolen the joint of venison that he was supposed to serve; in the second, found in book ten, Lucius's new owners, also cooks, are amused to discover him eating human food. Whilst there is no trace of bawdiness here, Piron was having to contend with the fact that, unlike the source text for *Le Claperman*, which was unlikely to be known to many, or perhaps any, of his audience, Apuleius's text was a literary classic that would have been read by many of them and known by reputation to many of the others, and that reputation would certainly have been influenced by the risqué elements. Is it, then, a determination on Piron's part to avoid any accusation of adapting an obscene text that, rather than causing him to emphasize the bawdy elements as he did in *Le Claperman*, apparently makes him keen in the case of this particular play to avoid any hint of impropriety?

As we might expect, in addition to the two episodes of the novel that form the main action, for the back story required to explain the fact that his principal character is a man in the form of an ass, Piron makes use of the episode in book three in which Fotis, while trying to fulfil Lucius's desire to be transformed into a bird, mistakenly chooses the wrong magical unguent, resulting in the wrong transformation into an ass; the arrival of thieves, who seize the ass to carry their booty, causes him to remain stuck in this form. Piron even elaborates on these events: in his retelling, as recounted by Colombine, she and Arlequin were playing a game in which they both turned themselves into various different animals before the inopportune arrival of the thieves. However, he modifies the details in such a way as not only to increase the dramatic logic, but also to dispel any sense of immorality. Whilst Fotis, despite having been an active sexual partner of Lucius, shows her fickleness by disappearing completely at this point in the story, up until the point that the action of the play begins, Colombine has devoted her life to trying to find Arlequin, who, unlike Lucius, is unaware that the way to transform himself back into a man is to eat roses. Piron even seems to want to dispel any suggestion of the freely sexual relationship enjoyed by Lucius and Fotis, for, unusually, he goes out of his way to clear up any ambiguity about the nature of the love of Arlequin and Colombine, indicating that it was purely spiritual when Colombine replies to Isabelle's comment 'je t'entends: il y a ici de la galanterie' with a clarification that the relationship had not moved onto a physical plane: 'Doucement, Madame, il n'y a encore que de l'amour' (1. 1). Later, Piron alludes briefly to another episode in the novel that his audience may remember, but is again careful to avoid any suspicion of suggestiveness: in book seven of Apuleius's text, as we have noted, when Lucius is put out to grass with a herd of horses, his attempts to mate with the mares are thwarted by the jealous stallions. In Piron's version, the tale told by Arlequin is of a more deliberate attempt to mate him with a female ass, which his own sense of dignity causes him to refuse:

> Je fus sage, comme un Caton:
> J'eus du respect pour ma race.
> Non, non! l'on ne verra jamais ânon,
> Porter mes armes & mon nom.

> Deux ânes dans la branche aînée des Arlequins! Hélas! ce n'est déjà que trop d'un, comme moi, pour son déshonneur.

(1. 11)

It is as if the incident has been referred to for no other reason than to put a more moral spin on it in than in the original. Similarly, an allusion to the fact that previous owners of the ass were 'prêtres d'Isis' (1. 2), appears to be included in order to work in a traditional joke about members of the clergy by suggesting that Arlequin must have learned his laziness from them. However, Piron seeks to suppress any reminder of the habits of the eunuch priests of the 'Syrian goddess' who actually were the previous owners of Lucius, by replacing them with the mystical and devout priests of Isis who appear only at the end of the novel when Lucius is restored to human form, and whose morals, unlike those of the eunuch priests, are beyond reproach.

Interestingly, if the play can be accused of bawdiness or suggestiveness at any stage, it is in an episode that owes little or nothing to the plot of Apuleius's novel, even if it does seem to be a response to a structural characteristic of his text. I have alluded to the fact that the novel contains a number of intercalated stories and, whilst the majority of these, with their tales of the supernatural or of marital infidelity, fit in with the general tone of the main narrative, the tale of 'Cupid and Psyche' stands out not only because of its length, but also because of its individuality, not least because its mythological character is so different from the rest of the novel. It seems probable that it is this that inspired Piron to make a similar intercalation in his own work, a play within a play, the rehearsal of the epithalamium written for the marriage of Isabelle and Octave by Gloriolet, a ridiculous poet whose pretensions are undercut by the fact that he is played by Scaramouche. This play within the play shares with 'Cupid and Psyche' its mythological subject, even including a passing reference to that particular tale when Hymen, god of marriage, says that Cupid appealed to him to help him win Psyche; Cupid also appears as a character,[28] but that is where any similarity ends. Otherwise, the epithalamium is an example of the sort of satirical allegory based on mythological characters that is common at the Fairs. Indeed, there are distinct similarities, including the cynicism of the subject matter, with the prologue to *Le Claperman*, particularly in relation to their comments on the link between money and marital (in)fidelity. The suggestiveness I have referred to derives from the introduction of Le Cocuage as a character in an interlude intended to celebrate a marriage. This allows Piron to gain some comic effect from the breathtaking inappropriateness of the subject matter and the horrified response of the groom, who is present with his wife-to-be at the run-through but, otherwise, the conventionality of the use of

---

[28] Interestingly, whilst Piron uses the name Cupidon in his reference to the 'Cupid and Psyche' story, presumably to stress the link with Apuleius's novel, elsewhere he uses the perhaps more common French appellation for the god, L'Amour.

allegory and parody, coupled with the fact that the play within a play interrupts the progress of the main action, suggest that this section of the work could be at least one reason for the lack of enthusiasm shown by the Frères Parfaict. Nevertheless, whilst it might seem dangerous for Piron to have had his character Octave declare near the beginning of the epithalamium that: '[cela] commence d'être [...] bien ennuyeux' (II. 3), the fact that the comment remains in the printed text tends to confirm Piron's footnote on the success of the play by suggesting that he did not feel that there was any danger of the sentiment being shared by the real audience.

We have seen how the ending of *Le Claperman* marks a disintegration of the theatrical illusion, which serves to underline the fact that the conventionally 'happy' ending is not happy at all. In *L'Âne d'or*, Piron can both have his cake and eat it. He is able to repeat the satire of theatrical practice at the end of the play within a play, as the device of the deus ex machina is again mocked: it was not a god, but Scaramouche who descended in *Le Claperman*; in *L'Âne d'or* the group of cupids who were intended to bring about the happy ending are replaced by the ass, potentially a much more appropriate figure to represent Gloriolet's epithalamium. But for the play itself, in keeping with Apuleius's novel, we are faced with a much more convincingly happy ending, played out in a more conventional dénouement. The marriage of Isabelle and Octave, which was never in doubt, will go ahead; the dishonesty and cruelty of Pierrot, the cook who wished to kill Arlequin, and the stupidity of Gloriolet the poet, both of whom aspired to win the hand of Colombine, are revealed; and the ass, who is in reality Colombine's long-lost beloved Arlequin, eats a rose provided by her and resumes his true form, allowing them to be reunited, a piece of dramatic logic absent from the novel, in which, as we have noted, Fotis, the equivalent character to Colombine, disappeared from the life of Lucius as soon as he was transformed into an ass. Piron sensibly passes over the mystical aspects of the end of the novel, in which the retransformation of Lucius is brought about by the goddess Isis through the intermediary of her high priest, leading him to devote himself to her worship. This ending is surprising enough in the context of the novel itself, where it differs in both tone and subject matter from everything that has gone before; it would clearly have been entirely out of place at the Fairs. Instead, Piron ends with a joke, as Colombine seems about to regale us with the whole of the story of Arlequin's transformation that we already know, only to break off after the second line.

*
* *

What conclusions can we draw, then, about Piron's methods of adaptation in these two plays? The success of Julien-Scopon's text, on which the first is based, derives from the fact that it presents an idea that is both comically ludicrous and suggestive, and treats it with a po-faced seriousness, invoking civic duty in the worthy song for the Clapperman. Indeed, Julien-Scopon even, somewhat unconvincingly, suggests prudishness on two occasions by using ellipses, apparently to protect the reader from phrases referring to copulation and conception, despite the fact that the meaning is transparently clear, and that the text would make little sense to anyone unable to fill in the gaps. Van Effen adds to this sense of contradiction in his commentary by defending the text against any accusations of bawdiness, discussing the central image of the night-watchman who exhorts men to have sex with their wives as if it were to be taken seriously, and using it as a pretext for expressing his own sense of outrage at contemporary morality in European cities like Paris and London. Whether directly influenced by van Effen or coincidentally, Piron makes a similar point: the elderly and down-at-heel figures of Cupid, Calliope, and Apollo in his prologue suggest that love, like literature, is in its decadence in the modern world. However, he drops any suggestion of the pretence of worthiness found in the source text: we see from the nature of the relationship between M. Garguille, his wife, and Olivette his servant, from the song of the Claperman, which abandons completely the pretence of morality adopted by its model, from the ambiguities of cross-dressing, which pose questions about sexual identity but resolve nothing in the relationships of the Garguilles and the Gautiers, and from the dramatic and moral cynicism of the dénouement, that Piron has completely abandoned his source text's pretence of morality. With *L'Âne d'or*, on the other hand, while adapting a well-known text with a reputation for bawdiness, Piron chooses to base his play on two episodes that do not come into this category and to expunge all trace of immorality from his main plot. Octave and Isabelle are a devoted couple who intend to marry from the outset, and who do so without encountering any of the obstacles usual in comedy. Isabelle's servant, Colombine, has devoted her life to finding and rescuing her beloved Arlequin, who was transformed into an ass, so that she can be reunited with him and change him back into a man. So, the epithalamium by the ridiculous Gloriolet might well echo the cynicism of the prologue to *Le Claperman* but, unlike that play, *L'Âne d'or* has a truly happy dénouement of the conventionally comic type that contradicts it.

Piron's use of music

We have traced above the development by the Fair troupes of the form known as *pièce à écriteaux*, in which, because the actors were not allowed either to speak in French or to sing, the audience sang to well-known tunes the dialogue printed on placards lowered from the flies. A similar use of familiar tunes had been adopted by the writers of satirical songs, for whom it was also necessary to use as the basis for their new words tunes with which their customers would be familiar.

This technique of using pre-existing melodies for new words, for reasons that are not entirely clear, was known as vaudeville.[29]

When permission to perform music was granted to certain troupes as the result of a financial arrangement with the Opéra, the use of vaudeville was retained for most of the music, whether because it was popular with audiences, who found it easy to follow on first hearing, because it was convenient for actors who were not primarily singers to learn quickly, because a frequently changing repertoire made it impractical to have a newly composed score for every production, or, perhaps, a combination of all three. The word also evolves somewhat confusingly: this new form, which incorporated as much spoken dialogue as the actors could get away with in between the musical numbers, became known as *opéra-comique*, although the term *comédie en vaudevilles* was also used, and sometimes shortened to 'vaudeville'. As a consequence, although this usage is found more frequently in relation to nineteenth-century versions of the form, 'vaudeville' could refer simply to a play, and it is with this meaning that we find it in the third scene of the divertissement in the second act of *L'Âne d'or*. Despite the preference for the use of vaudeville in *opéra-comique*, once the actors and not the audience were singing, original music could be used and, as mentioned above, this was most commonly deployed to provide a novel finale to the performance. These finales tended to adopt a standard form, in which each of the characters would sing in turn a verse appropriate to his or her role in the play, but all the verses would end with a refrain, which the whole company might either join in with or repeat. This sort of finale, typical of a *comédie en vaudevilles*, also came to be identified by the term 'vaudeville', despite the fact that most tended to be newly composed, and so were not vaudevilles at all in the original sense of the term. It is in this sense that Piron uses it at the head of the finale of *Le Claperman*, although it is a rather free version of the type, as it does not make use of the technique of assigning appropriate verses to each character, and the refrain is reduced to the use of the word *réveil-matin* to end each stanza.[30]

The repertoire of vaudeville melodies was extremely diverse: tunes from opera and ballet rubbed shoulders with popular songs of various sorts, whether recently composed or traditional, and some were originally instrumental pieces. All that mattered was that they were easy to sing, and easy to adapt. Even though the whole principle of vaudeville was that new words were provided for the melody,

---

[29] One theory is that the term was a corruption of 'voix de ville', another that it derives from 'Vaux-de-Vire', a term used for the drinking songs of Olivier Basselin, born in the Val-de-Vire in Normandy and active in the first half of the fifteenth century; it is also not impossible that both phrases played their part in the development of the term.

[30] Although it is not related to our concerns here, perhaps we should complete the history by pointing out that the term also came to be used in the USA for the form of entertainment known as Music Hall in British English.

there were those that traditionally retained the refrain of the original: sometimes a word or short phrase, but also often a nonsense refrain. In these cases, part of the humour resided in how the refrain was adapted to the new meaning, and, whilst it was not uncommon for an innocent 'tra la la' to acquire risqué implications, the humour could also be much more subtle. Tunes that were absorbed into the repertoire of vaudevilles would acquire a consistent tag by which they were identified, known as the *timbre*, and it is this that we find identifying the tune at the head of each *couplet* in the play texts. In the case of those tunes that retain a refrain, that would generally provide the *timbre*, in other cases it could be the first words of the original text, or some other descriptive title. It was not impossible for a single melody to be known by more than one *timbre*, but generally they were consistently applied. Still, it must be said that Piron is much less punctilious in his use of *timbres* than the editors of the *Théâtre de la Foire*, and not only are his versions often quite approximate, they are also often inconsistent even within a single text. I have not intervened to regularize these, and have commented on errors and variant forms in notes only when there is a point of interest to be made. Where Piron uses an identification like 'air connu', it suggests a tune that had not yet become established enough in the repertoire of vaudevilles to have a familiar *timbre* (or perhaps he simply did not know what the *timbre* is), but he expected that certain words retained in his text would allow his readers to identify it.

Apart from the finales, newly composed music was generally used only where some sort of special effect was sought, so we find original music at the beginning and end of the act II divertissement that is Gloriolet's epithalamium. First, this consists of an orchestral introduction leading to the first aria, then a second aria in which the chorus echoes the words of the soloist. Since Octave and Isabelle are supposed to be hearing this epithalamium for the first time, the unfamiliar music allows the audience to share in this experience; this really is a piece newly composed for the occasion. The fact that the stage direction describes the orchestral prelude as 'une grave symphonie' and that the first aria is referred to as 'majestueux' (II. 3) leaves us in no doubt that this music was quite different in style from the usual music of the Fairs, so it is perhaps no surprise that, after the repetitions of the second aria, Octave replies to Gloriolet's comment: 'Eh bien, Monsieur, est-ce là du grand?' with the observation: 'Du grand, tant que vous voudrez, Monsieur Gloriolet: mais, ne vous en déplaise, qui commence d'être aussi bien ennuyeux' (II. 3). It was usual at the Fairs for authors to claim that the simplicity of their musical style was superior to any other music, so this criticism of the composer Voisin's deliberately grandiose writing is exactly what we would expect, and is not to be taken as a reflection of Piron's own opinion of the music. Still, clearly Piron does not want to try the patience of his audience for too long, for after that second aria he returns to the use of vaudeville expected at the Fairs, with Voisin's music returning only for a final aria followed by an orchestral accompaniment to the descent of the cupids, which, while suggesting a grand finale, also serves to emphasize the incongruity when it all goes wrong and the cupids are replaced by the ass.

A further use of music at the Fairs is found when operatic music is quoted directly. This is quite different from the use of operatic tunes that had been absorbed into the repertoire of vaudevilles, which would have been performed as usual with new texts and in the straightforward style of the Fair actors. Here we are talking of the quotation of extracts with their original words, or, more usually, the original words tweaked just enough to make the parodic intent obvious; these would certainly have been sung in a style that both emphasized and mocked their operatic origins. This particular device is usually confined to those works that present themselves specifically as parodies,[31] and the extracts would obviously be taken from the opera being parodied. Consequently, it is unusual to find an isolated example of this technique in scene 11 of the first act of *L'Âne d'or*, when Colombine suspects that Arlequin might have been unfaithful to her with a female ass. We have already noted that this reference to the similar episode in the novel seems to have been intended by Piron to distance his play from the bawdiness of the original, and the musical effect of having Colombine sing the operatic text (with the name Phaëton comically replaced first by 'l'animal' then by 'petit volage') in an exaggeratedly emotional operatic style, only then to be told that her suspicions are unfounded, would have added to the comedy of the scene in a way intended to undercut further any erotic implications.

Edition and editorial principles

Like most of Piron's contributions to the Fairs, *Le Claperman* and *L'Âne d'or* were first published only after his death. The Fair plays can be found in volumes three to five of the seven-volume edition of his complete works prepared by his friend Rigoley de Juvigny and published in 1776, some three years after Piron's death;[32]

---

[31] See note 11 above.
[32] The only real exception is *La Rose*, published in Brussels in 1744 by an anonymous publisher, although an abbreviated version of *Le Caprice* appeared under the title *Le Mariage du Caprice et de la Folie* in the *Théâtre de la Foire*, VIII, 184-238; the authorial attribution 'Par M**' lacks even the first initial of the surname usually included by the editors to identify the author. The only other work by Piron to be published by Lesage and d'Orneval in their anthology is part of a collaboration with them, *Les Trois Commères*, to which he contributed the second act. Not only is his name absent from the title page, which gives as authors only Lesage and d'Orneval (ibid., IX, 422-568, here p. 423), but the play, which is the last in the final volume of the anthology to have been edited by Lesage and d'Orneval (the first volume nine), is preceded by a note that seems to betray a certain reluctance to include it: 'Comme plusieurs Personnes ont reproché aux Auteurs de n'avoir pas fait imprimer cette Piéce, qu'elles avoient vûë avec plaisir, ils ont crû devoir les satisfaire' (ibid., p. 422). Could it be that the reason Piron features so infrequently in the anthology and that, when he does, it seems to be reluctantly, and that his contributions remain anonymous is because Lesage possibly bore a grudge for the satirical references to him and Fuzelier in *Arlequin-Deucalion*?

and both *Le Claperman* and *L'Âne d'or* are in the third volume, pp. 193–292 and 373–452 respectively; it is this edition that is the basis of the text included here. Original spelling and punctuation are retained, with no attempt to regularize inconsistencies. It is a good, clean edition, and I have corrected only the relatively small number of obvious errors; all editorial alterations are indicated in the notes, where the original text is given, along with the words before and after the amendment. In the case of parentheses, Rigoley's edition alternates between round and square brackets inconsistently, but showing a distinct preference for the latter. In keeping with modern usage, I have regularized all these to round brackets. Rigoley's edition is generally quite scrupulous in its observation of the rules for the layout of the complex *couplets* with their varying line lengths, but, where there are errors, I have corrected these without comment.

LE CLAPERMAN,

OPÉRA-COMIQUE

EN DEUX ACTES,

*En prose & en Vaudevilles ; précédé d'un Prologue,
& suivi d'un Divertissement.*

PERSONNAGES
DU PROLOGUE.

L'AMOUR.
APOLLON.[33]
CALLIOPE.[34]
TERPSICORE.[35]

La Scène est sur le Mont Parnasse.[36]

---

[33] The leader of the Muses, he is also the god of medicine, music, poetry, and prophecy, and is associated with the sun.
[34] The Muse of epic poetry.
[35] The Muse of dance.
[36] Parnassus is perhaps the most famous of the mountains in Greece that are sacred to Apollo and the Muses.

PROLOGUE.
SCENE PREMIERE.

L'AMOUR, *représenté par un Vieillard, ailé comme le Temps,*[37] *ayant une calote à oreilles,*[38] *& des cheveux blancs, avec une grosse bourse à la main, des sacs remplis d'argent pendus à sa ceinture,*[39] *& une coignée*[40] *sur l'épaule, au lieu de carquois.*

Air : *Dedans nos bois il y a un Hermite.*

Avec le temps tout change de nature,
L'enfant devient barbon ;
Pourroit-on croire, en voyant ma figure,
Que je suis Cupidon ?
N'ai-je pas bien & l'air & la manière
Du Dieu de Cithère,[41]
Moi ?
Du Dieu de Cythère ?

Air : *Je ne suis né ni Roi ni Prince.*

Jadis, avec délicatesse,
Je triomphois par la finesse
De l'esprit & du sentiment ;
Aujourd'hui qu'elle est dédaignée,
Et que l'on n'aime que l'argent,
Je triomphe à coups de coignée.

---

[37] Cupid is, of course, usually depicted as a winged child, with wings much smaller and more delicate than those of the aged figure of Time.

[38] The cap with ear flaps, suggesting the need to keep warm, is another indication of old age.

[39] Whilst the association of love with money might seem to be most obviously a reference to prostitution, the mention of the Rue Quincampoix in the last line of the scene (see note 42) and the return of similar themes (along with another reference to the Rue Quincampoix) in relation to marriage and cuckoldry in the *divertissment* in the second act of *L'Âne d'or*, suggest that what Piron actually has in mind is a mercenary attitude that makes wealth more important than love when it comes to marriage or, indeed, marital infidelity.

[40] More usually *cognée*: a woodman's axe, a weapon at the same time less noble and less subtle than Cupid's traditional arrows of love.

[41] After being born from the foam of the sea, Venus is said to have come ashore on either Cyprus or Cythera (Kíthira). Cythera is therefore regarded as the island of love and, here, the domain of her son Cupid.

Air : *Les Filles de Nanterre.*

Les écus sont mes armes,
La bourse est mon carquois ;
J'ai transféré mes charmes
A la rue Quinquampois.[42]

SCÈNE II.
L'AMOUR, CALLIOPE.

CALLIOPE.

Quelle vilaine figure est-ce là ?

L'AMOUR.

Bonne Femme, serois-je ici sur le Parnasse ?

CALLIOPE.

Bonne Femme ! Songez que vous parlez à l'aînée des neuf Pucelles.[43] Oui, vous êtes sur mes terres, Bon Homme ; & qu'y venez-vous faire ?

L'AMOUR.

Bon Homme ! Sachez que vous parlez à l'Amour.

CALLIOPE.

Vous, l'Amour ?

L'AMOUR.

Vous, Calliope ?

TOUS DEUX.

Vous vous moquez !

---

[42] The Rue Quincampoix was famous as a commercial centre, and was the site of John Law's Banque Générale, later the Banque Royale, from its opening in 1716. When Law's financial schemes resulted in chaos with the collapse of the Mississippi Company in 1720, many investors were ruined, but others, who might never have expected to become wealthy, were more fortunate, and, by cashing in their investments at the right time, made their fortunes. This turned upside down a lot of the old assumptions about the relationship between rank and wealth, which had an impact on marriage choices amongst other things. Whilst there is no doubt that, in a busy business street, as the Rue Quincampoix was in Piron's time, sex would have been one of the commodities on sale, it was only rather later that it came to be known more or less exclusively as a centre for that particular service.

[43] A common way of referring to the nine Muses.

CALLIOPE.

L'Amour est un bel Enfant, qui a des ailes couleur de roses, un carquois mignon, des flèches dorées, un bandeau galant ; & te voilà fait comme un vieux Bucheron, crasseux à faire enfuir les passans.

L'AMOUR.

Calliope étoit l'aînée des neuf Pucelles, qui, par conséquent, leur devoit l'exemple ; & je la vois grosse à pleine ceinture.

CALLIOPE.

Insolent ! Il y a grossesses & grossesses : celles de Cythère, & celles du Parnasse.

    Je suis grosse, il est vrai ; mais des âmes bien nées,
    Nos grossesses jamais ne furent condamnées.

L'AMOUR.

Oseroit-on demander de quel prodige vous devez accoucher ?

CALLIOPE.

Air : *Ami, sans regretter Paris.*

    D'un Poëme tout des plus beaux,
        Qui doit en valoir onze.[44]

L'AMOUR.

Dites-nous le nom du Héros.

CALLIOPE.

C'est le Cheval de bronze.

L'AMOUR.

N'est-ce pas vous qui êtes accouchée déjà du Héros de la Henriade.

CALLIOPE.

Vous me parlez d'une fausse couche : c'en sera ici une vraie. On ne parlera plus du Cavalier, on ne parlera que du cheval.[45]

---

[44] Rigoley: 'onze, | L'AMOUR'.
[45] The reference is to Voltaire's *Henriade*, his epic poem on the life of Henri IV, and to the bronze equestrian statue of the king erected on the Pont Neuf. The suggestion that Voltaire's epic is a failure is a characteristic attack by Piron on his rival; in suggesting that a superior epic might be written about his horse, Piron anticipates a joke he will use in *La Métromanie*, where the amateur poet Francaleu writes a six-act tragedy entitled *La Mort de Bucéphale*, dealing with the death not of Alexander the Great, but of his steed.

L'Amour.

Voici une figure bien autrement hétéroclite !

Calliope.

Air : *Adieu voisine.*

Je vous laisse avec Apollon.

L'Amour.

Adieu donc Calliope.

Calliope.

Adieu le beau petit Poupon.

L'Amour.

Adieu charmante Gaupe.

Calliope.

Adieu vieux fou ! vilain Barbon !

L'Amour.

Adieu Salope.

SCÈNE III.
L'AMOUR, APOLLON.

APOLLON, *habillé comme M. Tout-à-bas l'est dans le Joueur ;*[46] *& jouant sur une flûte à l'oignon, l'air du* Mirliton, *alors tout nouveau.*[47]

Air : *Du Mirliton.*

Chantez ma gloire immortelle,
Fille du grand Jupiter ![48]
C'est de ma docte cervelle,
Qu'est sorti le nouvel air :
J'ai du mirliton, mirliton, mirlitaine, &c.[49]

L'AMOUR.

Air : *Ah, ha, vous avez bon air.*

Ah, ha, la plaisante espèce !
Le joli Dieu du Permesse ![50]

---

[46] A minor character who appears in I. 8 of Regnard's *Le Joueur* (1696), M. Toutabas is a self-styled Maître de Trictrac, a game similar to backgammon, which was popular at the time. It is clear that a significant part of his tuition is devoted to how to cheat and, although he claims to be wealthy as a result of his skill, his final line in the play, a request for money, indicates that he is not. Regnard's text gives no indication of how he is dressed, but what follows in Piron's suggests that his costume reflected his straitened circumstances, since his Apollo, like his Cupid, is clearly a very debased version of the mythological figure.

[47] The *flûte à l'oignon* is a rudimentary instrument operating on the same principle as a kazoo or a paper and comb, in which a thin membrane, which in some cases may be an actual onion skin, is made to vibrate by the player humming or singing into the intrument. The lack of skill required to play it makes it a rather disappointing choice for the god of music. According to Hans Mattauch, the term *mirliton* emerged in 1723 as the name for a type of headdress made of gauze (see 'Le Mirliton enchanteur: historique d'un mot à la mode en 1723', *Revue d'histoire littéraire de la France*, 101 (2001), 1255–67, p. 1256), but the word quickly became part of the refrain of the tune used by Piron. Although citing other uses by Piron, Mattauch does not refer to this one, which could well be the first time the tune is linked with this instrument, an important occurrence in the history of the word, since *mirliton* would come to be the standard term for all instruments of this type. Although this usage is not attested before 1745 (see the entry in *Trésor de la langue française informatisé* <http://atilf.atilf.fr/> [accessed 9 September 2022]), it seems highly likely that Piron's use of the word and the instrument together here had at least some influence on its adoption.

[48] Even though she has just left, this is presumably addressed to Calliope, who, as Muse of epic poetry, would be the daughter of Jupiter most appropriate to carry out this role.

[49] Rather like the instrument he plays, this tune may be seen as a rather disappointing creation for the god of music.

[50] The Permessos or Permessus was a river sacred to Apollo which rose on Mount Helicon, another mountain, like Parnassus, associated with the Muses.

APOLLON.

Le beau Dieu de la tendresse !
Bon air vous avez.

Tous deux ensemble.

Ah, vous avez bon air ! Ah, vous avez bon air, &c.

L'Amour.

Air : *Du Poulailler de Pontoise.*

De vieux crins pour chevelure !
Est-ce là le blond Phœbus ?[51]

APOLLON.

Et là le Fils de Vénus ?
Il n'en a pas la ceinture.[52]

L'Amour.

D'un Cuistre, plus que d'un Dieu
Je vous trouve l'encolure.

APOLLON.

Je vous trouve plus que peu,
Celle d'un Fesse-Mathieu.[53]

L'Amour.

Ami, disons la vérité. Ne nous flattons point, comme feroient de vieilles Coquettes & de jeunes Beaux-Esprits. Nous ne sommes plus reconnoissables, le maudit Temps détruit tout.

---

[51] Meaning 'the shining one', this alternative name for Apollo derives at once from his association with the sun and from the name of his mother, Phoebe.
[52] Venus's belt in mythology made the wearer irresistible to others. *La Ceinture de Vénus*, an *opéra-comique* by Lesage, which makes reference to this myth, was first performed at the Foire Saint-Germain in 1715 (see *Le Théâtre de la Foire*, I, 258–315).
[53] 'Fesse-Mathieu': a money lender. Deriving from the tradition that the apostle Matthew was a tax collector, he was the patron saint of money changers. The implication is that, whilst the money changer's business is legitimate, the money lender beats Matthew in order to extort an unreasonable profit.

APOLLON.

Et cela, je le gagerois, comme nos Vendeuses de Modes, pour y revenir. Cependant

Air précédent du Mirliton.

Il n'épargne dans sa course,
Ni mon mérite infini,
Ni votre unique ressource,
La beauté des Femmes, ni
Notre.....

(*Il achève l'air sur la flûte à l'oignon.*)[54]

L'AMOUR.

Nous ne finirions pas. Au fait. Je venois pour une consultation.

APOLLON.

De quoi s'agit-il ? Voyons. De quoi puis-je être encore capable pour votre service ?

Air : *Joconde.*

Qui vous amène de si loin ?

L'AMOUR.

La santé de mon Frère.
Le pauvre Hymen a grand besoin
De votre ministère.
Depuis long-temps il est perclus,
Et presque en léthargie :
Il ne montre enfin presque plus
Aucun signe de vie.

APOLLON, *à la Cantonade.*

Holà, ho ! Qu'on m'apporte ma robe & mon bonnet. (*à l'Amour.*) Attendez : car je suis le Maître-Jacques du Parnasse ;[55] & ceci s'adresse au Dieu de la Médecine. (*Il met sa robe & son bonnet.*) Eh bien ! vous dites ?

---

[54] Nonsense refrains that were prefectly innocent in meaning in their original context, like the one omitted here, were quite often used in their new context to imply a risqué meaning; to play the tune on an instrument instead of singing the words makes the point even more strongly that the sense is something that should not be spoken about. The implication is clearly that old age makes men sexually impotent.

[55] A reference to the character in Molière's *L'Avare*, who is both the coachman and the cook of the central character Harpagon. When Harpagon gives him instructions, like Apollo here, he changes costume depending on which role the instructions relate to (see *L'Avare*, III. 1).

L'Amour.

Que le harnois ne fait pas le cheval, ni l'habit le.....[56]

Apollon.

Non ; mais la robe fait le Médecin. Or çà, vous dites donc que votre frère l'Hymen

Air : *Tu croyois en aimant Colette.*

> Au dommage de la nature
> D'un mal étrange est attaqué.

L'Amour.

> Oui vraiment, &, si cela dure,
> Tout l'univers est confisqué.

Air : *L'Amour plaît malgré ses peines.*

> C'est un désordre incroyable,
> Les Sages-Femmes, sans moi,
> Grâce au sommeil qui l'accable,
> N'auroient presque plus d'emploi.

Apollon.

Cela tire à conséquence : il faut l'éveiller.

Air : *Je reviendrai demain au soir.*

> Le Sommeil est un insolent :
>   De cet impertinent, *bis.*
> Peut-être ai-je plus, entre nous,
>   A me plaindre que vous.[57] *bis.*

L'Amour.

Et quel mal vous fait-il, & vous peut-il faire ?

---

[56] The incomplete second part of this proverbial sentence, which is much more familiar than the first part, is 'ni l'habit le moine'. The fact that Apollo cuts off Cupid suggests that he is preventing him from making an anti-religious remark, and perhaps the fact that the phrase 'endosser le harnais' was in common use for clerics putting on their regalia underlines the fact that monks are being likened to horses; but the joke also lies in the fact that satire at the expense of monks was entirely traditional, and not something that would usually be avoided at the Fairs. The satire of doctors that follows is equally traditional.

[57] Rigoley: 'vous, *bis*'.

APOLLON *mettant bas sa robe*.

Attendez ; voici qui regarde le Dieu de la Poësie & de l'Éloquence.

Air : *Réveillez-vous Belle endormie.*

Quand pour la Scène je compose,
Il assoupit le Spectateur :
Quand je fais plaider une cause,
Il fait ronfler le Sénateur.

(*Sur le ton de déclamateur.*)

Ainsi de tous côtés,
Par ce persécuteur, sans relâche insultés,
Mes Chef-d'œuvres cent fois n'ont pu se faire entendre,
Et j'ai perdu le fruit que j'en devois attendre.
Ah ! vengeons les lauriers des perfides pavots....[58]

L'AMOUR.

A vos vêtemens, je m'apperçois du tort qu'il vous a fait. Mais vous vous vengerez, & de reste, du Sommeil & des Dormeurs, quand vous voudrez, en leur donnant de mauvais rêves. Songeons d'abord au pauvre Hymen.

APOLLON.

Laissez-moi faire. J'imagine un secret pour l'éveiller, qui vaudra bien le bruit des cloches. Je vais inspirer à tous les Officiers municipaux des villes dépeuplées, la pensée d'instituer des Clapermans. Chaque ville aura son Claperman.

L'AMOUR.

Son Claperman ! Quelle bête est cela ? Un Claperman !

APOLLON.

Un Claperman, ce sera un homme payé pour tambouriner par les rues, sur les deux ou trois heures du matin, & qui, par le bruit qu'il fera, chassera le Sommeil des lits conjugaux....

---

[58] Fleeing the amorous attentions of the god Apollo, the nymph Daphne calls on her father Peneus to save her, and is transformed into a laurel tree. Apollo declares that he will always wear a crown of laurels and that it will also be worn as a symbol of victory (see Ovid, *Metamorphoses*, I. 452–566). As well as being used to reward military or sporting victory, the association with Apollo, god of poetry, means that it has also been used as an indication of poetic genius, and here it refers to literary success, which is not achieved because of the effect of poppies, symbols of sleep.

L'Amour.

Des lits conjugaux ! C'est bien dit : c'est delà qu'il ne bouge plus.

Apollon.

Ce sera à vous à prendre alors sa place, & à faire le reste.

Air : *Du camp de Porcher-Fontaine.*

>Dans chaque ville un Claperman,
>Avant l'étoile poussinière,[59]
>Fera dans la rue un cancan
>A si bien réveiller ton frère ;
>Patapatapan, patapan, patapan, panpan !
>Qu'il dansera ; vantons-nous-en !

Holà, Terpsicore ! Toi qui fais de si belles Élèves*,[60] allons, quelques petites gambades devant ce moderne Cupidon, pour le ragaillardir.

Fin du Prologue.

---

* L'Élève de Terpsicore, brochure satirique du sieur Boissy, qui se vendoit alors sous le manteau.

[59] More usually in the plural, this refers to the constellation of the Pleiades, which was said to resemble a hen surrounded by its chicks.
[60] *L'Élève de Terpsicore; ou, le Nourrisson de la satyre* was published by Louis de Boissy (1694-1758) in 1718.

LE CLAPERMAN.

PERSONNAGES.

Mons. GAUTIER, } *l'homme & la femme.*
Mad. GAUTIER,
Mons. GARGUILLE, } *Idem.*
Mad. GARGUILLE,[61]
ARLEQUIN, *Valet de M. Garguille.*
SCARAMOUCHE, *Amant d'Olivette.*
MEZZETIN, *Bourgeois.*
OLIVETTE, *Servante chez M. & Mad. Garguille.*
PERRETTE, *Femme d'Arlequin.*
TROUPE DE VILLAGEOIS *dansans.*
TROUPE DE VILLAGEOISES *conduites par Mademoiselle Sallé.*[62]
Trois BOURGEOIS.
DANSEURS.
DANSEUSES.

La Scène est dans une Ville de Hollande.

---

[61] In giving these names to his characters, Piron makes clear reference to Gaultier-Garguille, one of the stage names of the actor and singer of bawdy songs Hugues Guéru (*c.* 1582–1633). The expression 'prendre Gautier pour Garguille', which Piron uses in act II, scene 8, meaning to mistake one thing for another, is clearly also a point of reference.

[62] Marie Sallé (1707–1756) was one of the best-known dancers of her time.

LE CLAPERMAN.

ACTE PREMIER.
SCÈNE PREMIÈRE.
M. GARGUILLE, Mad. GARGUILLE.

Mad. Garguille, *d'un ton sévère*.

Monsieur Garguille, je n'aime point que vous parliez comme cela devant cette Servante. C'est une jeune éveillée ; cela ne pense qu'à rire. Il n'y faut pas donner lieu. Il faut mesurer ses paroles plus que vous ne faites.

M. Garguille.

Madame Garguille....

Mad. Garguille.

Mon Dieu, les vilains noms que les hommes souvent font porter à leurs femmes ! Madame Garguille ![63]

Air : *Le fameux Diogène.*

Et oui, Monsieur Garguille,
Cette petite fille
Se gâtera chez nous.
Parlez en sa présence,
Avec plus de décence ;
J'en rougissois pour vous.

---

[63] Perhaps Madame Garguille objects to the association of her name with the actor (see note 61), who, as well as being a famous performer in farce, was also a writer and singer of bawdy songs; perhaps she finds the sound of the word, with its similarity to *gargouiller* or to the noun that derives from it, *gargouille*, inelegant. It could also be that she is alluding to the fact that it was considered impolite to add the surname when addressing someone, rather than using Monsieur or Madame alone (in the following scene she will comment to Arlequin 'Vas te promener, avec ta Madame Garguille! Ne saurois-tu dire: Monsieur & Madame, tout court?'), but, if this is the case, as the previous and the next lines show, she does not afford the same level of politeness to her husband, and other characters too will use the form of address that includes the surname.

M. Garguille.

Air : *Ton himeur est Catérène.*

Quoi ! pour avoir voulu d'elle
Savoir si notre Serin,
Étoit ou mâle ou fémelle,
Vous me faites tout ce train !
Bientôt si le Ciel m'envoye,
Enfans de votre façon,
Vous ne voudrez pas qu'on voye,
Si c'est fillette ou garçon.

Mad. Garguille.

Courage ! Voilà toujours de leurs sots propos, Mon Dieu, que les hommes libertins sont sots !

M. Garguille.

Mon Dieu, que les Prudes ont l'imagination libertine, & sont ridiculement précieuses ![64]

Mad. Garguille.

Je ne dirois rien, si vous n'aviez que de mauvais propos devant elle ; mais vous prenez, & elle vous laisse prendre de petites libertés qui ne me plaisent point.

M. Garguille.

Mon Dieu, ma femme, que vous êtes fâcheuse avec vos sottes délicatesses ! Eh ! divertissez-vous ; riez, & laissez rire les autres.

Mad. Garguille.

Que je me divertisse ! Oh ! j'aime mes devoirs, & non mes plaisirs. Imitez-moi. Ne voudriez-vous pas que je ressemblasse à notre voisine Madame Gautier ?

Air : *Voici les Dragons qui viennent.*

Et que j'eusse la folie
De courir par-tout ?
D'aller, comme une étourdie,
Au Bal, à la Comédie ?
Et que sais-je où ?
Et que sais-je où ?

---

[64] A probable passing allusion to Molière's *Les Précieuses ridicules*.

M. Garguille.

Pourquoi non ? Vous feriez mieux que de gronder, & que de médire. Ne parlez pas mal de Madame Gautier ; elle est gaie, & n'en est pas pour cela moins honnête-femme. J'en connois de très-sérieuses qui.....

Mad. Garguille.

Brisons-là, de grâce ! Revenons à Olivette ; je veux la marier.

M. Garguille.

Je ne demande pas mieux.

Mad. Garguille.

J'ai de bonnes raisons pour cela.

M. Garguille.

Et moi aussi.

Mad. Garguille.

C'est ma Filleule, une fois ; elle a 16 ans ; il est de mon devoir de veiller à sa conduite & à son établissement.

Air : *Vous m'entendez bien.*

La Jeunesse fait tant d'écarts !
Et souvent des moindres retards
Le danger est extrême.[65]

M. Garguille.

Fort bien.

Mad. Garguille, *d'un ton mystérieux.*

Peut-être que vous-même....
Vous m'entendez bien.

M. Garguille.

Parfaitement bien ! Je suis de votre sentiment. Je la destine à Scaramouche, qui en est amoureux.

---

[65] Rigoley: 'extrême, | M.'.

Mad. Garguille.

Bon, bon, amoureux ; il est bien ici question de cela. Je ne veux point de votre Scaramouche ; ce n'est qu'un débauché qui ne seroit point son fait. Je lui donne Arlequin, le fils de notre Rentier.[66] C'est un bon garçon ; simple, mais rangé : une femme ne peut manquer d'être heureuse avec cela. Je l'ai mandé. Il doit être ici aujourd'hui ; & demain ce sera une affaire faite. Cependant, comme il n'est pas trop à son aise,[67] & que vous avez quelque crédit en cette ville, vous feriez bien de lui procurer un petit emploi lucratif. J'ai songé, par exemple, à celui de Claperman.

M. Garguille.

Oui-dà, de tout mon cœur. L'emploi est à ma disposition : je le lui donne.

SCÈNE II.
M. & Madame GARGUILLE, ARLEQUIN.

Arlequin.

Serviteur, Monsieur Garguille.

M. Garguille.

Bon jour, mon ami.

Arlequin.

Et vous de même, Madame Garguille.

Mad. Garguille.

Vas te promener, avec ta Madame Garguille ! Ne saurois-tu dire : Monsieur & Madame, tout court ?

Arlequin.

Madame & Monsieur tout court, votre valet.

Mad. Garguille.

Tu ne sais pas pourquoi je t'ai mandé ?

Arlequin.

Oh que sifait ! C'étoit afin que je vinsse.

---

[66] 'Rentier' is used here in the sense of someone who pays rent for land, so a sort of tenant farmer.
[67] 'N'est pas trop a son aise': is not comfortably off in the financial sense.

M. Garguille.

Nous te voulons marier. Veux-tu prendre femme ?

Arlequin.

Oh, donnez ! Des femmes & du vin, j'en prends tant qu'on veut ; mais sur-tout des femmes.

Air : *Des fraises.*

Je me sens, grâce au Destin,
 D'une humeur épousante :
J'en prendrois de toute main,
M'en donnât-on dès demain
 Vingt, trente,
 Quarante,
 Cinquante.

Mad. Garguille *crie*.

Olivette ! Olivette !

M. Garguille.

On ne t'en donnera qu'une ; mais sois sûr d'avoir ta suffisance.

Mad. Garguille *crie plus fort*.

Olivette ! Olivette !

SCÈNE III.
M. & Mad. GARGUILLE, OLIVETTE, ARLEQUIN.

Olivette.

Que vous plait-il, Madame ?

Mad. Garguille.

On a bien de la peine à vous avoir, ma mie.

Olivette, *faisant la niaise*.

Ma foi, c'est que vous ne m'appelez jamais que pour me gronder ; & on ne se presse pas pour cela.

M. Garguille, *lui passant la main sous le menton.*

La petite fripponne ! elle a plus d'esprit qu'elle n'est grosse.[68]

Mad. Garguille, *à son mari.*

Trêve de badineries ! (*à Olivette.*) Je vous appelle pour vous dire que je vais vous marier.

Olivette, *lui sautant au cou.*

Ah, ma bonne Maraine, si j'avois deviné cela, je me serois rompu le cou à la descente du dégré.

Mad. Garguille, *à son mari qui éclate de rire.*

Riez, riez ; voilà bien de quoi : au lieu..... (*à Olivette.*)

Air *connu.*[69]

Comment donc, petite effrontée ?
Doit-on répondre à cela si gaiement ?
Quand on vint m'en dire autant,
On me vit toute épouvantée ;
Quand on vint m'en dire autant,
Je m'évanouis à l'instant.
Comment donc petite effrontée ?
Doit-on répondre à cela si gaiement ?

Olivette.

Oh, Madame, nous autres pauvres filles de village, il ne nous appartient pas de nous évanouir comme cela, pour un oui, ou pour un non ; & nous ne donnerions pas, pour ce privilège-là, la commodité qu'on nous laisse, d'y aller tout simplement.

M. Garguille, *la baisant.*

Vas, tu vaux de l'or ; tu dis des merveilles.

---

[68] The double meaning gives us an indication of why it suits M. Garguille to have Olivette married off quickly and confirms that Mme Garguille is right to be suspicious of her husband's relationship with the servant.

[69] On Piron's use of the phrase 'air connu', see the section on his use of music in the introduction. The tune intended here is elsewhere identified by the *timbre* 'Comment donc, petite effrontée', making it clear that that is the phrase that Piron retained from the original text of the song and would have expected his readers to recognize.

####### Mad. Garguille.

Ah, oui ! vous faites, & elle dit là de belles choses ! Or çà, belle jaseuse, regardez-moi ce Garçon-là ; voilà celui à qui je vous destine. Vous faites la mine, je crois ? Cela vous iroit bien.

####### Arlequin.

Je ne sais pas comme elle me trouve ; mais pour moi, je la trouve bien jolie.

####### Olivette.

Je n'y regarde pas de si près ; pourvu qu'il épouse, il est le bien venu.

####### Air : *de Lon lan la deriri*.

> Qu'un mari soit bien ou mal fait,
> Que m'importe, pourvu qu'il ait,
> Lon lan la derirette,
> Pourvu qu'il ait un bon esprit,
> Lon lan la deriri.[70]

####### Mad. Garguille.

C'est là penser en fille raisonnable.

####### Air : *Allons à la Guinguette, allons*.

> Puisque tous deux
> Vous avez su vous plaire ;
> Ce soir je veux
> Aller chez le Notaire,
> Et nous contracterons.

####### Arlequin & Olivette.

Allons, allons, allons chez le Notaire, allons.

####### M. Garguille, *à sa femme*.

####### Air : *Des Trembleurs*.

> Mais du moins soyez exacte
> A faire insérer dans l'acte
> De cet hymen qu'on contracte,
> Les qualités de l'Amant ;

---

[70] The nonsense refrains, which first of all delay the conclusion of the sentence that makes up this vaudeville, and then add to it, suggest that its real meaning is more improper than its literal meaning, and that Olivette's true interest, when it comes to her future husband, is not his mind.

> En faveur de la Filleule,
> Et pour cette raison seule,
> Outre qu'il est fort en gueule,
> Je l'établis Claperman.

(à Arlequin,) sur le ton du dernier vers.

> Oui, Cla, cla perman, man, man.

Arlequin.

Je suis Cla cla cla cla per man man man ! Et qu'est-ce que je serai, quand je serai cela ?

M. Garguille.

Un des hommes des plus utiles de la République.[71] Tel naîtra dans le cours de ton exercice, & sera peut-être la gloire & l'ornement de son siècle, qui te devra la naissance.

Arlequin.

Diantre ! ce ne sont pas là des vétilles ! Voyons, qu'aurai-je à faire pour en venir là ?

M. Garguille.

Peu de chose. Il te faut d'abord avoir un bon tambour ;[72] en battre, de toutes tes forces, par les rues, sur les deux ou trois heures du matin ; & chanter ensuite à tue-tête, cette Chanson-ci :

Air : *Des Ramoneurs.*

> Maris, que l'on se réveille !
> Voici l'Aurore vermeille ;
> De la part des Magistrats,
> Ramonez-ci, ramonez-là, la la la,
> Les cheminées du haut en bas.

Mad. Garguille.

Allons, Olivette, marchez ; n'écoutons pas ces sottises-là. *(Elle sort.)*

---

[71] 'République' in the sense of 'society'.
[72] Although the Dutch word from which 'Claperman' is derived implies the use of a rattle, that original sense had clearly weakened, and Piron's choice of a drum no doubt results from the fact that his source text says that the nightwatchman would carry a drum or a rattle, mentioning the drum first (see the introduction and the appendix).

Olivette.

Des sottises ! Où sont-elles donc ? Je n'en vois point là. Un Claperman, selon moi, vaut mieux qu'un Crieur d'eau-de-vie ; ce que j'y trouverois à dire, Monsieur, c'est que la femme du Claperman sera, me semble, la seule qui pourroit n'y pas trouver son compte.

M. Garguille.

Tais-toi, innocente. Tu entends bien peu tes intérêts. Demande aux femmes des Cavaliers du Guet.[73]

Mad. Garguille, *derrière le théâtre*.

Olivette ! Olivette ! Vous ne viendrez pas ?

Olivette, *tendant la main à Arlequin*.

A revoir, mon cher Claperman.

SCÈNE IV.
M. GARGUILLE, ARLEQUIN.

Arlequin.

Eh puis, dites que j'ai tort d'être homme à prendre

Fin de l'air.

> Des femmes de toute main,
> M'en donnât-on dès demain,
> Vingt, trente, quarante, cinquante ?

Comme ces drôlesses-là raisonnent bien ! dites. Est-il rien en effet de plus dangereux qu'une cheminée mal ramonée ? Le feu s'y met ; & puis après, c'est le diable pour l'éteindre. Mais, dites-moi donc, je ne ferai donc cette charge-là qu'une fois ou deux par an, n'est-ce pas ?

M. Garguille.

Toutes les nuits, mon ami : tu es payé pour cela.

---

[73] The Cavaliers du Guet are the officers of the night watch, who, like the Claperman, are out at work all night.

Arlequin.

A quoi bon ? Les cheminées ramonées une fois ou deux par an, je crois que c'est assez.[74]

M. Garguille.

Fais ton devoir, ou ne t'en mêles pas ; tu auras de bons appointemens, sans compter le tour du bâton.[75] Achette seulement un bon tambour, & retiens bien la chanson. Dès cette nuit il faut que tu entres en exercice. Adieu ; je vais chez le Compère Gautier. (*à part.*) Je suis ravi que d'elle-même ma femme ait fait choix de ce Butor-là pour Olivette, & ravi de lui donner un emploi qui lui fasse courir les rues la nuit.

SCÈNE V.
ARLEQUIN , Mad. GARGUILLE.

Arlequin.

De bons appointemens, & le tour du bâton ! Cela est bon à prendre. Il y a quinze jours que je suis marié à Perrette ; on me marie à Olivette : femme à la ville, femme à la campagne ; prenons encore : tout cela va le mieux du monde. Ah, vous voilà, Madame Garguille. Grammerci, aussi-bien qu'à M. Garguille. Il m'a donné une bonne charge ; & vous une jolie fille.

Mad. Garguille, *après avoir visité partout, pour n'être point ouie.*

Ce n'est pas tout, mon ami ; tiens voilà pour t'avoir un bon tambour ; & cette nuit, tu trouveras une bouteille de vin, qui t'attendra à notre porte.

Air : *Du camp de Porchers-Fontaines.*

> Mon époux est un négligent.
> Quand tu feras ta promenade,
> A notre porte exactement,
> Tous les matins donne l'aubade.
> Patapatapapan, patapan, pan, pan,
> Réveille-le, tambour battant.

Le voici ; je ne veux pas qu'il nous entende : suis moi ; je te dirai le reste.

---

[74] Arlequin's persistence in taking the song literally suggests that he means this seriously, and is therefore the only character not to spot that its message is intended to be understood metaphorically.

[75] 'Le tour du bâton' refers to additional illicit payments. The origin of the expression is obscure.

SCÈNE VI.
M. GAUTIER, M. GARGUILLE.

M. Garguille.

Je vous cherchois, mon cher Voisin, quand je vous ai rencontré. Vous m'avez paru tout pensif. Quoi ! qu'avez-vous dans l'esprit ? Vous n'avez fait que vous lamenter tant que nous avons été ensemble, jusqu'au moment où nous sommes arrivés chez moi. Qu'est-ce qui cause votre mélancolie ?[76]

M. Gautier.

Ah, Monsieur Garguille, vous êtes né galant-homme & compatissant. Je vous dis, ce que je ne dirois à personne : je me suis marié pour avoir une femme. Je suis marié, & je n'en ai point. Elle sort dès qu'elle est levée & coëffée ; & ne rentre précisément que pour se coucher.

M. Garguille.

Les mœurs du temps, mon pauvre Monsieur Gautier, les mœurs du temps !

M. Gautier.

Il y a quinze jours que je ne l'ai vue qu'aux flambeaux.

M. Garguille.

Les femmes sont mieux là dans leur jour, qu'en plein midi.

M. Gautier.

Et tous les jours la même chanson. Je vais dîner chez la Commère une telle : je souperai chez le Compère celui-ci. Et je m'attends que bien-tôt elle me viendra dire : je couche chez le Compère celui-là. Enfin, elle me fuit, elle me hait visiblement. Ne suis-je pas le plus malheureux des maris ?

M. Garguille.

Non ; jusqu'à mon veuvage, ou celui de ma femme, je vous disputerai ce titre-là.

M. Gautier.

Vous n'y pensez pas, M. Garguille ! votre femme ne sauroit vous quitter.

---

[76] Rigoley: 'mélancolie ! | M.'.

M. Garguille.

Et vous n'appelez cela rien ? C'est en quoi je suis bien autrement malheureux que vous ; car cela lui donne contre moi, l'humeur que je vous vois contre votre femme ; & vous m'avouerez que cela rend la vie bien dure.

M. Gautier.

La vie bien dure ! La vie bien dure ! La voilà bien à plaindre ! Il est vrai que je peste contre elle, en son absence, & que je l'attends toujours, dans une ferme résolution de la bien quereller, & même quelquefois de la battre. Paroît-elle ? ce n'est plus moi. Et qui tiendroit contre une jeune folle, qui rentre en dansant, en riant, en vous sautant au cou ? Tenez, vous me voyez en ce moment dans une colère de diable, & la voici : je gagerois presque que dans un moment je n'y serai plus.

SCÈNE VII.
M. & Mad. GAUTIER, M. GARGUILLE.

Mad. Gautier, *sans voir son mari.*

Air : *Chantez, petit Colin, &c.*

Que j'envierois le sort,
De Madame Garguille !
Le jour, son mari sort,
La nuit jamais il ne s'endort.
Le mien, comme un vrai gille,[77]
Dîne, soupe, en famille :
Jamais il ne rit,
Et passe la nuit,
A ronfler au lit.

(*Appercevant son mari, & courant l'embrasser.*)

Ah, vous voilà ! Je parlois toute seule de vous ; car je ne songe qu'à vous.

---

[77] Gilles was a stock character of the *commedia dell'arte*, although, like Pierrot, he seems to owe his origins to the old Italian troupe based in France in the seventeenth century, rather than being of Italian origin. He was one of the less prominent among the cast of archetypal characters, and his name was sometimes used generically, so that 'gilles' in the plural might appear in the background of a scene. When used in that way, as here, the final 's' was often omitted in the singular; the absence of an initial capital also confirms that here the term is being used to denote a character type rather than an actual character. His principal characteristic was his stupidity.

M. Gautier.

Vous songiez encore à Monsieur Garguille.

M. Garguille.

Oui, Madame : je vous en remercie ; & suis fort content de mon portrait.

M. Gautier.

Pour moi, vous ne me peigniez pas en beau. D'où venez-vous à l'heure qu'il est ? Dîne-t-on jusqu'à huit heures du soir ?[78]

Mad. Gautier.

Je viens, mon petit cœur, d'un endroit où j'ai fait provision de belle humeur, pour jusqu'à ce que j'y retourne.

Air : *Flon flon, larira dondaine.*

Quinze ou vingt fois à table
J'ai changé de couvert ;
Bons vins, chère admirable,
Puis après, le dessert ;
Flon flon, larira dondaine, flon flon, larira dondon.

M. Garguille *éclatant de rire, répète* :

Flon flon, larira dondaine, flon flon, larira dondon.

M. Gautier *furieux, à sa femme.*

Qu'appelez-vous, flon flon ? M'osez-vous dire à mon nez....[79]

Mad. Gautier *gaîment.*

Air : *Cotillon de Thalie.*

Oui, Monsieur ; que les violons
Nous ont fait danser, de toutes façons.
Il falloit voir comme avec grâce,
Nous nous trémoussions,
Quand nous dansions
Les rigaudons !
Et puis après les rigaudons,
On a fait danser tous les cotillons.

---

[78] At this period *dîner* was a meal eaten in the middle of the day.
[79] M. Gautier wrongly assumes that, as was often but not invariably the case, the implications of the nonsense refrain are sexual.

M. Garguille, *cabriolant.*

Ah ! il me semble y être.

Mad. Gautier.

Allez, allez, on m'en peut croire ! Je m'en suis donné, pour ma part, au cœur joie.

M. Gautier.

Et vous croyez que je serai toujours d'humeur....

Mad. Gautier.

Si vous saviez combien je l'ai vantée, votre humeur ; car je me fais une gloire de publier que vous l'avez très-belle. Je suis sûre, au bien que je dis de vous, que, sans vous en douter, vous êtes adoré des femmes.

Air : *Lampons, lampons.*

Je dis que mon cher époux
A bien l'esprit le plus doux
Qui soit de Paris à Rome ;
Et que vous êtes un homme

(*Lui passant la main sous le menton.*)

Tant bon, tant bon,
Qu'on ne voit rien de si bon.[80]

M. Gautier, *en colère.*

Tant bon, tant bon ! Je le sais bien : je ne l'ai que trop été ; mais je me lasse de l'être, entendez-vous. Et je prétends bien désormais veiller sur votre conduite.

Mad. Gautier.

Air : *Dormez Roulette.*

Dormez tranquille,
Vous ne ferez par vos soins,
Que vous échauffer la bile ;
Sans qu'il en soit plus ni moins.

Mais non ; à propos, vous ne dormirez pas si tranquille qu'on diroit bien. Voilà M. le Magistrat qui peut vous apprendre la création d'un Claperman, dont la fonction sera d'éveiller Messieurs les Hommes endormis.

---

[80] Rigoley: 'bon : | M.'.

M. Garguille.

Êtes-vous donc à le savoir ?

Air : *La bonne aventure.*

Ici, tout nouvellement,
La Magistrature,
Pour nous éveiller gaîment,
Établit un Claperman.

Mad. Gautier.

La bonne aventure, o gué !
La bonne aventure !

Air : *Allons gai, toujours gai, &c.*

Je ne fais point la sotte,
Dès que je l'entendrai ;
Près de vous, côte-à-côte,
Tout bas je chanterai :

M. Garguille & Mad. Gautier *ensemble.*

Allons gai, toujours gai, d'un air gai, talalaleri, &c.

Mad. Gautier.

Air : *Elle se prit à dire.*

Et vous aurez beau dire :
Non, non, je ne veux pas rire !

Point de quartier.

Air : *Talaleri, talaleri.*

Vous me trouverez si plaisante,
Qu'eussiez-vous l'âme, en pareil cas,
Mille fois plus récalcitrante
A l'ordre de nos Magistrats,
Je vous forcerai bien à rire ;

(*Elle prend Gautier & Garguille par les mains, & danse avec eux.*)

Talaleri, talaleri, talalerire.

M. Gautier *ne pouvant se tenir de rire.*

Eh bien, ne vous le disois-je pas ? Y a-t-il moyen de se fâcher contre cela ? Je ris, & pourtant j'enrage. (*Il sort.*)

Mad. Gautier *courant après, toujours dansant.*

Air : *Ne levez pas tant votre cotillon.*

Mon ami, mon petit mari.....

SCÈNE VIII.
Mad. GAUTIER, M. GARGUILLE.

Mad. Gautier *continuant l'air.*

Divertissons-nous, le voilà parti.

Qu'en pensez-vous, notre cher Voisin ? Suis-je sur le bon ton ? Il faudra bien que cette nuit encore, il avale une petite pillule ; car j'aimerois mieux je ne sais quoi faire, que de n'être pas du Bal que donne Madame Chapron.

M. Garguille.

Un bal, cette nuit, chez la bonne Chapron ? Oh, parbleu, vous m'y verrez. Je m'habillerai en femme.

Mad. Gautier.

Et moi, en joli cavalier.

M. Garguille.

Et de ce pas je vais m'y préparer.

Mad. Gautier.

J'y serai avant vous.

SCÈNE IX.

ARLEQUIN *avec son tambour* ; TROUPE DE FEMMES *qui lui donnent de l'argent* ;[81] Madame GAUTIER.

ARLEQUIN (*à sa droite.*)

Eh, oui, Madame ! (*à sa gauche.*) Oui, Madame. (*à droite & à gauche & aux environs.*) Oui, vous dis-je, mes Dames, ne vous inquiétez pas : vous serez tambourinées, que rien n'y manquera ; ou il n'y aura pas de ma faute.

TROUPE DE FEMMES, *se mettant en cercle autour de lui, chantent en dansant.*

Air : *Toque mon tambourin toque.*

De ta Chansonnette
Ressouviens-toi bien ;
Et que ta baguette,
Sans ménager rien,

Chorus.

Toque ton tambourin toque, toque ton tambourinet.

UNE VOIX.

Rends-nous bon service,
Gentil Claperman !
Fais bien ton office,
Patapatapan.

Chorus.

Toque ton, &c.

UNE VOIX.

Point de préférence !
Sois juste entre-nous :
Point de complaisance
Pour les vieux époux !

Chorus.

Toque ton tambourin toque ; tocque ton tambourinet.

---

[81] This detail is directly inspired by the source text (see appendix).

Une Voix.

Sois infatigable ;
Fais bien du fracas !
Tambourine en diable :
Frappe à tour de bras :

Chorus.

Crève ton tambourin, crève, crève, ton tambourinet.

SCÈNE X.
ARLEQUIN, Madame GAUTIER.

Arlequin.

Par la ventre-bille, voilà des femmes qui ont bien soin de leurs cheminées !

Mad. Gautier.

Écoute, mon ami....

Arlequin.

Encore ! Eh, mon Dieu, Madame Gautier, ne vous embarrassez pas ; je vois d'ici votre porte. J'y ferai plus de bruit qu'à toute autre : vous verrez.

Mad. Gautier.

Eh, tout au contraire ! Garde-t-en bien, malheureux. Je veux m'échapper cette nuit, dès que mon mari sera endormi. Ne viens pas l'éveiller. Tiens ; les autres t'ont donné pour faire bien du bruit : voilà le double, pour n'en point faire.

Arlequin.

Que cela soit dit. Tenez-vous en repos ; je m'y tiendrai. (*seul.*) Voici un bon métier. On me paie pour agir, on me donne le double pour ne rien faire : il n'y a qu'à gagner. (*Il sort en chantant sa chanson d'ordonnance.*)

Fin du premier Acte.

ACTE II.
SCÈNE PREMIÈRE.
SCARAMOUCHE, *à la porte de M. Garguille.*

Air : *Comment faire.*

On dit qu'Olivette aujourd'hui
Se marie à je ne sais qui ;
Je n'ai donc plus rien à prétendre !
Tous mes soins seroient superflus :
C'est chose faite ; & je n'ai plus
      Qu'à me pendre.

Air : *Mordienne de vous.*[82]

Eh bien, pendons-nous !
Qu'à cela ne tienne !
Ça, je m'y résous.
Mais pourtant, mordienne,
Mordienne de vous,
Double & triple chienne !
Mordienne de vous....
Ça, ça, vengeons-nous.

Air : *Belle Brune, belle Brune.*

Qu'elle enrage !
Qu'elle enrage !
Voyant un si beau pendu,
Qu'elle dise : c'est dommage.
Qu'elle enrage !
Qu'elle enrage !

Air : *Les Foires de Champagne.*

Là-haut, au grand clou que voilà,
    Moyennant une chaise,
Attachons cette corde là ;
    Et puis, tout à son aise,

---

[82] *Mordienne* is a mild oath, which is a euphemistic form of *mordieu*, 'par la mort de Dieu'. 'Mordienne de vous!' is roughly equivalent to something like 'Damn you!'.

De la-haut, mon dessus saura
Ce que mon dessous pèse.

(*Il va prendre un banc & monte dessus.*)

Air : *Jean, faut-il tout vous dire.*

Mais quoi ! perdre le goût du pain :
Ne plus jamais boire de vin ;
Plier sitôt bagage !
Allons un peu plus bride en main ;[83]
Ne pourrions-nous, jusqu'à demain,
Remettre le voyage ?

(*Il descend & rêve.*)

Air : *Non, non, il n'est point de si joli nom.*

Non, non,
Point de quartier ! point de pardon !
Vengeons-nous de la volage !
Non, non,
Point de quartier ! point de pardon !
C'est faire aussi trop de façon.

(*En fureur.*)

Air *de Lanturelu.*

Le courroux m'embrase ;
J'y suis résolu !
Abrégeons la phrase ;
J'aurois déjà dû,
Depuis que je jase,
Quatre fois m'être pendu.

(*Il se rapproche de la porte, auprès de laquelle trouvant une bouteille,
il chante d'un ton modéré :*)[84]

Lanturelu ! lanturelu ! lanturelu ![85]

---

[83] 'Bride en main'; an expression meaning 'sensibly' or 'carefully'. The metaphor obviously fits with the other metaphorical expressions related to travel that precede and follow it.
[84] Rigoley: '*modéré :* | Lanturelu'.
[85] This is how Piron habitually spells this refrain, but, in order to fit the tune, it should more properly read, as it always does in the *Théâtre de la Foire*, 'Lanturlu! lanturlu! lanturelu!', with only the final word having the additional syllable provided by the 'e'.

LE CLAPERMAN

(*Il y goûte.*)

Oh, voici qui change bien la thèse ! Qui diable a mis là cette bouteille ?

Air : *Quand le péril est agréable.*

> Entre le vin & la potence,
> Le Ciel ici m'offre le choix.
> Encore au vin, pour cette fois,
>   Donnons la préférence.

J'entends du bruit. C'est peut-être celui à qui appartient la bouteille, qui vient la prendre.

(*Il chante en fuyant.*)

> Les oiseaux sont dénichés.[86]
> Talari, talari, talari la la. Talari, talari la la.[87]

SCENE II.

PERRETTE, COLETTE, TROUPE DE VILLAGEOIS ET DE VILLAGEOISES *venant de grand matin au marché.*

Premier Villageois.

Ma foi, j'avons, en nous levant, pris la lune pour le soleil.[88] Je crois, au noir qu'il fait, qu'il n'est qu'à peine minuit ; & que ce n'est pas encore aujourd'hui demain.

---

[86] A phrase referring to people or things that have got away or disappeared, although here Scaramouche is clearly referring to the fact that he himself is making an escape with the bottle of wine.

[87] These two lines are sung to a new tune, which Piron assumes will be easily identified by words retained from the original text. The similarity of these lines to the last two of the text set to the vaudeville 'Les Amours triomphans' in I. 5 of *L'Âne d'or* makes it clear that that is the intended tune. The presence of the idiom 'les oiseaux sont dénichés' (or similar) in both versions could suggest that this phrase was present in the original text, but the fact that it is not used in any other appearances of this tune in either Pirons's other *opéras-comiques* or in the *Théâtre de la Foire* makes this unlikely; the nonsense refrain, on the other hand, clearly was present in the original, as it is repeated in all versions, albeit with slight variations. (I have not been able to track down that original text.) Still, some degree of improvisation was required on the part of the performer to make it fit the music, as even the version of the refrain given here by Piron, which is longer than the version in *L'Âne d'or*, has fewer words than are required for the tune (see the version given in the musical appendices of the *Théâtre de la Foire*, v, air 111 and vi, air 57).

[88] The pronunciations, verb forms, false liaisons, and comic oaths used in this and subsequent scenes are all typical of the dialect spoken by stage peasants.

SECOND VILLAGEOIS.

Si fait ; car j'entends sonner trois heures. Mais il faut dire vrai ; je nous sons trop pressés : car ce n'est pas de trois heures d'ici, qu'on défarmera les boutiques.[89]

PREMIER VILLAGEOIS.

Dites donc, Compère ; devant que je fussions mariés, je n'étions pas si matineux que ça.

TROISIÈME VILLAGEOIS.

Oh, dame ! c'est que, voyez-vous, devant que je fussions embâtés de nos femmes, j'étions de jeunes éveillés, que rian n'empêchoit de dormir que des filles, qui dormiont aussi bian loin de leux côté.

PREMIER VILLAGEOIS.

Morgué, que t'as bien raison ! & que tu parles bien ! Jarniguoi, le bon temps que c'étoit. Je n'en sommes pas si loin encore, qui ne nous en ressouvienne, & que je n'y voudrissions bien r'être.

PERRETTE.

Comme ces vilains hommes habillent leurs femmes ! & pis je les écoutons, quand ils nous en content ! Semble-t-il pas que je les embarrassions bien, & qu'ils nous font bien endever, quand ils font les indifférens ?[90] Ne vlà-t-i pas un rare oisiau qu'un homme ! Comme si, dans tous les temps, je n'en avions pas à choisir plus que nous ne voulons. Il n'y a que quinze jours que j'en ai un ; je n'en dis rian ; mais, foi d'honnête femme, il n'est pas couché, que je voudrois qu'il fût levé.

PREMIER VILLAGEOIS.

Taisez-vous donc, Madame Perrette, vous pensez mieux que vous ne dites. Vous n'êtes pas de si matin aveuc nous, pour des prunes.[91] Ne voyons-je pas que vous ne venez que pour à cause de votre biau colifichet d'Arlequin, qui s'en allit hier, & qui fait déjà l'école buissonnière ?[92]

---

[89] Dialect for *défermer*, therefore *ouvrir*.

[90] In keeping with the stage-dialect of the peasants, the verb *endever*, to be disappointed or annoyed by something, is a familiar term. 'Ils nous font bien endever': 'they really disappoint/annoy us'.

[91] 'Pour des prunes': 'for nothing', so the complete sentence would mean 'It's not for nothing that you are up so early with us'.

[92] 'Faire l'école buissonnière' would normally refer to playing truant from school, but here just means that Arlequin has disappeared.

SECOND VILLAGEOIS.

Çà, çà, courons les rues, toujours chantant, attendant que le jour vienne.

TROISIÈME VILLAGEOIS.

C'est bian dit : & pour égayer Madame Perrette, quemançons par danser ici un petit branle.

(Ils se prennent tous par les mains, & se mettent en rond.)

UN HOMME.

Air : *Vivons pour ces Fillettes, vivons.*

Près de nos femmes je dormons,

(Les hommes font chorus.)

Près de nos femmes je dormons.

(Voix seule.)

Pis, du grand matin, je sautons
    A bas de nos couchettes.
  Vivons pour ces fillettes,
    Veillons,
  Veillons pour les fillettes.

(Chorus.)

Vivons, &c. *Excepté que les femmes disent* : Vivez pour les fillettes,
    Vivez,
  Vivez pour les fillettes.

UNE FEMME.

Par ma fi je nous en gaussons ; *bis.*
Gnia-t-il pas tant de bons garçons
    Qui nous content fleurettes ?

Chorus des femmes.

Je fons comme vous faites,
    Je fons,
Je fons comme vous faites.

Un Homme.

Tant mieux, morgué, pensez-vous donc, *bis*.
Que ça nous lanterne ? Oh, que non !
  Je ne sommes si bêtes,

  Chorus des hommes.

  J'aimons besogne faite,
    J'aimons,
  J'aimons besogne faite.

  Chorus des femmes.

  Nous, j'aimons à la faire,
    J'aimons,
  Nous j'aimons à la faire.

  Une Femme.

Lé Monsieux vous font la leçon, *bis*.
Leux femme'ont biau faire, ils n'avont
  Jamais martel en tête ;

  Chorus.

  Vivons à la franquette,
    Vivons,
  Vivons à la franquette.

  Un Homme.

Thomas fait l'amour chez Lucas ;
Lucas fait l'amour chez Thomas ;
Blaize aime la femme à Colas ;
  Colas, la femme à Blaize ?

  Chorus en s'en allant.

  Vivons tout à notre aise,
    Vivons,
  Vivons tout à notre aise !

(*Tous s'en vont, excepté Perrette & Colette.*)

SCENE III.
PERRETTE, COLETTE.

Colette.

Allons donc, Perrette ; remets ton clayon[93] sur ta tête, & marche avec les autres.

Perrette.

Laisse-moi de repos, Colette ; je n'ai pas envie de rire comme zeux ; j'en fais les frimes :[94] mais, tiens, j'ai des souleurs de[95] queuque stratagême. Arlequin vint hier à la ville ; il n'eût tenu qu'à lui de se retrouver à la maison. Il pourroit y avoir là queuque andouille sous roche.[96]

Collette.[97]

Quoi ! pour une nuit sur la quinzaine, te voilà en l'air ! mais tu me dégoûterois du mariage : si l'on y prenoit tant de goût, le plaisir y seroit une galère.[98]

Perrette.

Ce n'est pas tant le plaisir que tu t'imagines, qui me chiffonne, que la peur qu'il n'aille en imaginer ailleurs ;[99] car, entre nous, il est si bête qu'il n'y a sottise qu'il ne s'imagine : & cette nuit j'ai fait un rêve qui me tarabuste, & qu'il faut que je te conte. Tu me diras ce que tu en penses.

Collette.

Vas te promener, avec tes rêves, & ceux qui en pensent quelque chose ; ma pensée là-dessus, c'est que, de part & d'autre, ce ne sont que des rêves.

Perrette.

Oh, il y a rêve & rêve. Écoute le mien, & te mets à ma place ; tu verras si ça ne te tracasseroit pas comme moi.

---

[93] A wicker device for draining, or here just carrying, cheese.
[94] 'J'en fais les frimes': 'I'm only pretending'.
[95] 'J'ai des souleurs de': 'I'm afraid of'.
[96] The phrase 'il y a anguille sous roche' means 'there's something suspicious going on'. Perrette's error comically substitutes a sausage for the eel of the original expression.
[97] Note the hesitation between the spellings 'Colette' and 'Collette' for this name.
[98] The term *galère* had become a traditional metaphor for anything disagreeable. Colette is teasing Perrette because she seems to be upset at having missed one night of sexual pleasure with Arlequin, whereas the experience of the other women in the play suggests that obtaining sexual pleasure in marriage is a significant problem.
[99] A euphemistic way of saying that she is afraid he might be tempted to be unfaithful.

COLETTE.

Écoutons donc ce rêve & voyons.

PERRETTE.

Tu verras de la façon que sont faits les hommes du jour d'aujourd'hui, que je pourrois bien, tout en rêvant, avoir rêvé vrai. Il me sambloit donc comme ça, que je tenois un oisiau, genti comme tout. Son plumage étoit de toutes les couleurs ; des pattes blanches, une aile cramoisie, l'autre bleue ; la queue varte, le corps rouge, le bec jeaune : le perroquet de Madame, au prix, n'étoit rien. Et moi de le baiser, de le caresser : lui de me becqueter mignonement. Tout çà, un temps, pour mon compte, alloit comme il faut ; quand, ne vla-ti pas que, je ne sais comment, l'oisiau s'en va tout en loques ; pattes blanches, aile bleue, queue varte, corps rouge, rien ne m'est resté, que le bec jeaune. Acoute donc : vlà un rêve qui n'est pas sans queuque signifiance. Cet oisiau-là m'a bian de l'air d'Arlequin.[100] Et le bec jeaune qui m'est demeuré, qu'en penses-tu ! Que ça veut-il dire ?[101]

COLETTE.

Mais ça ne veut rien dire ; sinon que tu dormois, & que tu rêvois.

PERRETTE.

Il a été du temps domestique dans le Châtiau. Les valets, vois-tu, fréquentont leux maîtres, ça les gâte bien.[102]

COLETTE.

Eh bien, s'il fait comme les Messieux ; te voilà bien embarrassée, fais comme les Madames : à bon chat bon rat.

PERRETTE.

Diantre ! les hommes ne voulont pas que ce soit de demême. Et.... mais j'entends du bruit ; sauvons-nous, & regagnons notre compagnie.

---

[100] In particular, the multi-coloured aspect of the bird refers to the stylized multi-coloured patchwork of Arlequin's costume.
[101] As well as being a literal yellow beak, as it is in the dream, in falconry the term *bec-jaune* (or *béjaune*) refers to a young untrained bird, and is also used, by analogy, for a foolish and inexperienced young man.
[102] It was a literary commonplace to suggest that members of the nobility were more lax in their sexual morality than the rest of society.

SCÈNE IV.
ARLEQUIN, TROIS BOURGEOIS *en robe de chambre.*

ARLEQUIN, *après avoir battu du tambour derrière le Théâtre, entre en chantant sa chanson.*

> Voici l'Aurore vermeille,
> Maris que l'on se réveille,
> De la part des Magistrats ;
> Ramonez ci, ramonez là,
> la la la,
> Les cheminées du haut en bas.

LES BOURGEOIS, *lui donnent des coups de bâton.*

ARLEQUIN.

Air : *Y-avance, y-avance, avec ton chapiau d'ordonnance.*

> Là, là, là ! tout doucement,
> Je suis un pauvre Claperman ;
> Que fais-je donc qui vous offense ?

PREMIER BOURGEOIS.

> Y-avance ! y-avance ! y-avance !
> Avec ta chanson d'ordonnance.

Remarque bien cette rue, où tu viens de passer : si tu t'avises jamais d'y revenir, nous doublerons la dose.

ARLEQUIN.

Air : *Tu croyois, en aimant Colette.*

> Messieurs, ma Charge est innocente ;
> Les Magistrats sont les pécheurs :
> Quand une Pièce est déplaisante,
> Doit-on s'en prendre aux Afficheurs ?

SECOND BOURGEOIS.

Suffit ; nous n'avons que faire d'avis, pour ramoner nos cheminées. Nous savons bien ce que nous avons à faire ; & que, pour notre repos, nous avons besoin du sommeil de nos femmes.

ARLEQUIN.

Eh ! mais, Messieurs, comment voulez-vous que je fasse ? Je suis payé pour cela.

TROISIÈME BOURGEOIS.

Eh bien, fais comme tu voudras : continue à ton aise ; tu tireras d'un sac deux moûtures.[103]

Air : *La faridondaine, la faridondon.*

De nos Magistrats le paiement
N'est qu'une bagatelle ;
Et que le moindre émolument
De ta charge nouvelle :
Ceci, c'est le tour du bâton,[104]
La faridondaine, la faridondon,
Que te paiera chaque mari,
Biribi,
A la façon de barbari mon ami.

Bondi Signor.[105]

SCÈNE V.
ARLEQUIN.

Sont-ce là les tours de bâton de mon emploi ? Tous les Employés aux Fermes[106] puissent-ils n'en avoir jamais d'autres !

---

[103] 'Tu tireras d'un sac deux moûtures': 'You will get two millings (of corn) from one sack': a proverbial phrase meaning that one will be paid twice for the same thing. In other words, if he continues, Arlequin will get not only his payment from the magistrates, but also another beating.

[104] See note 75. Whilst the origin of the metaphorical term is obscure, here there is no doubting the literal 'bâtons' with which Arlequin is attacked.

[105] Or, more properly, 'Bondì' (Good day). This regional Italian term for 'Buongiorno' is used mainly in northern dialects, which accords with the fact that the *commedia dell'arte* began in northern Italy, and that Arlecchino/Arlequin was traditionally said to come from Bergamo. While it is not unusual for authors for the Fairs to include brief phrases in Italian like this, signalling the Italian origins of the archetypal characters, the sarcasm of this remark is underlined by the fact that it is spoken not by one of the archetypes, but to him, by a character who clearly has his roots in the French tradition.

[106] There is a double meaning here: the term could refer to farm workers like the villagers in the play, but the joke lies in the fact that, as the precise form of words and the use of capitals indicates, it is in fact a reference to tax farmers.

SCENE VI.
ARLEQUIN, SCARAMOUCHE, MEZZETIN.

Arlequin *à part, & tapi dans un coin, à la faveur des ténèbres.*

Ne seroit-ce pas encore ici quelque tour de bâton ?

SCARAMOUCHE.

Air : *des Trembleurs.*

Dis-moi donc ce qui t'irrite ;
Quelle rage ainsi t'agite ?
Qui diable te fait si vîte,
Courir la rue à tâton ?

MEZZETIN.

Maugrebleu, je cherche un homme,
Que le Claperman l'on nomme,
Qu'il faut que de coups j'assomme.

ARLEQUIN, *bas.*

Encore un tour de bâton.

SCARAMOUCHE.

Et quel mal t'a-t-il fait, ce pauvre diable de Claperman ?

MEZZETIN.

Ne vois-tu pas que je boîte tout bas, & que je ne saurois me soutenir : c'est lui qui en est cause.

SCARAMOUCHE.

Lui ! Et comment cela ?

MEZZETIN, *se plaignant.*

Tu le vas savoir. Ce Notaire chez qui j'étois Clerc, il y a quelques jours.... Ouf.

SCARAMOUCHE.

Eh bien ; est-ce que tu n'es plus chez lui ?

MEZZETIN, *criant.*

Non. Il me chassa hier. Ahi !

SCARAMOUCHE.

Après. Viens au Claperman. Que tout cela y fait-il ?

MEZZETIN, *jetant encore un plus grand cri.*

Patience : tu y vas bien à ton aise ! Si tu souffrois autant que moi.... Maudit Claperman !... Si je te tenois....

SCARAMOUCHE.

Tu ne le tiens pas. Finis, si tu veux.

MEZZETIN, *grimaçant.*

La femme du Notaire m'avoit donné rendez-vous à minuit, dans la chambre de son mari, pour m'apprendre, dès qu'il dormiroit, la cause de mon congé. Il ronfloit. Elle s'étoit glissée hors du lit. Nous jasions sur un canapé : elle m'apprenoit :

Air : *Bouchez Nayades vos fontaines.*

Qu'il craignoit, comme elle est jolie,
Que dans la grande confrérie,
Je ne lui donnasse un brevet ;
Pour ne pas tromper son attente,
Nous allions d'un double cachet,
Elle & moi sceller sa Patente.[107]

SCARAMOUCHE.

Oui, oui ; quand le Claperman....

MEZZETIN.

Pan, pan, pan, avec son maudit tambour, suivi de sa sotte chanson, est venu faire à la porte un bruit du diable.

SCARAMOUCHE.

Et le mari s'est éveillé ?

---

[107] In other words, as a result of the activities of Mezzetin and the notary's wife, the notary was going to be recruited into the brotherhood of cuckolds. The references to a *confrérie* and a *brevet* with its seals are a reminder of Piron's membership of the Régiment de la Calotte, a spoof regiment originally founded at the court of Louis XIV, which mocked people judged ridiculous, recruiting them into the regiment by issuing *brevets* outlining their faults. By the time of Piron's membership, it was more of a club or society, which held famous parties at the home of his Patron, the Comte de Livry; Piron held the office of orator.

LE CLAPERMAN 65

MEZZETIN.

Quoi donc ? Et se trouvant seul, il saute à bas du lit, &, courant de-çà, de-là, comme un forcené, pendant que sa femme y rentroit, m'a mis en tel trouble & tel embarras, qu'ayant pris la fenêtre pour la porte, je n'ai fait qu'un pas, d'un second étage, dans la rue ; & non pas si fort, de plain-pied, que la cheville n'en ait furieusement souffert. (*Là il jette un cri perçant, & s'appuie sur l'épaule de Scaramouche.*)

SCARAMOUCHE.

Il y a là vraiement de quoi gagner une entorse.

MEZZETIN.

Après être resté quelque-temps sur le pavé, sans remuer, la fureur m'a remis, tant bien que mal, sur pied ; & l'envie d'assommer le chien de Claperman, m'a prêté la force de courir les rues, comme un enragé ; m'en prenant à tous les passans. Je venois déjà de couper deux ou trois visages ; & j'en allois faire autant au tien, si tu ne t'eusses fait connoître. Ah ! le cœur & les jambes me manquent ! Retraîne-moi à la maison.

SCÈNE VII.
ARLEQUIN.

Ahi, ouf ! A la fin je respire : je ne crains plus rien. J'ai de meilleures jambes que lui. Qu'il revienne ! Et demain, au plus tard, je prétends bien aller demander de quoi boire à M. le Notaire, pour l'obligation qu'il m'a. Çà, çà, songeons à notre devoir. (*Il bat du tambour, & chante :*)

Maris, que l'on se réveille, &c.

Allons dans cette rue.... (*Il donne, dans l'obscurité, contre le clayon de fromage à la crême qu'avoit laissé Perrette, & tombe le nez dedans ; il se relève tout barbouillé.*)

Air : *Et frou, frou, frou, & gué, gué, gué.*

Mon nez a fait un grand trou,
Dans quelque chose de mou ;
    J'ai quelque peur....
    Mais à l'odeur,
    Je prends courage.

(*Il se lèche legèrement les lèvres.*)

La peste ! j'ai du bonheur !
    C'est d'excellent fromage.

Air : *Gnia pas d'mal à ça.*

Et quand je débute,
Si par-ci par-là,
Je fais quelque chûte
Comme celle-là ;
Gnia pas d'mal à çà !
Gnia pas d'mal à çà !

Cela vaut mieux que le tour du bâton. Mais ce n'est pas tout que du fromage, il faut du vin ; & Madame Garguille m'a promis que j'en trouverois une bouteille à sa porte ; & m'y voici, je pense : commençons par tambouriner.

(*Il prend la porte de Madame Gautier, pour celle de Madame Garguille ; & après une chamade, il chante :*)

Voici l'Aurore vermeille !
Maris, que l'on se réveille !
De la part des Magistrats ;
Ramonèz-ci, ramonèz-là,
La, la, la,
La cheminée du haut en bas.

SCÈNE VIII.

Mad. GAUTIER, *revenant du bal en Cavalier*, ARLEQUIN.

Mad. Gautier *en fureur*.

Air : *Mordienne de vous.*

Tais-toi, malheureux !
Vas à l'autre porte,
Faire, si tu veux,
Un bruit de la sorte !
Mordienne de toi !
Le diable t'emporte !
Mordienne de toi,
Et de ton emploi !

Arlequin.

Je suis un homme public. J'appellerai le Guet....[108] Prenez garde à qui vous parlez, Monsieur.

---

[108] See note 73.

Mad. GAUTIER.

Eh, Maraud, je ne suis pas Monsieur, je suis Madame ; & celle qui t'ai donné tantôt le double des autres, pour ne point faire de bruit à cette porte !

ARLEQUIN.

Ah, ah, Monsieur ! vous êtes Madame Gautier ? Eh, oui ! En effet, ce n'est point ici la porte de Mad. Garguille ! car je ne vois point de bouteille.

Mad. GAUTIER.

Je suis au désespoir ! Sa maudite aubade aura réveillé mon gros dormeur. Le joli qui-pro-quo que tu as fait-là !

ARLEQUIN.

Air : *Ma raison s'en va bon train.*

J'ai d'épais un pouce ou deux,
De fromage sur les yeux :
　　Vous voyez comment,
　　Dans le firmament,
　Nulle étoile ne brille ;
Ainsi j'ai donc aveuglément
　　Pris Gautier pour Garguille,[109]
　　　Lon la
　　Pris Gautier pour Garguille.

Mais ce qui est différé n'est pas perdu. Patience, Madame Gautier ; je vais bien faire un autre bruit à la porte de Madame Garguille, qui m'a donné pour cela de l'argent, & promis bouteille. (*Il va à la porte de Madame Garguille.*) Ah, m'y voilà, m'y voilà, pour le coup ! (*Il cherche & ne trouve point la bouteille, qu'a emportée Scaramouche.*) N'importe : gagnons notre argent. (*Il bat du tambour & chante :*)[110]

　　Maris, que l'on se réveille !
　　Je ne vois point de bouteille ;
　　De la part des Magistrats,
　　Ramonez-ci, donnez-moi-la,
　　　　la la la,
　　La cheminée du haut en bas.

---

[109] Piron is playing with this phrase meaning 'to mistake one thing for another' by using it literally, rather than metaphorically.
[110] Rigoley: '*chante :* | Maris'.

SCÈNE IX.

M. GARGUILLE, *habillé en femme*, Madame GAUTIER, ARLEQUIN.

M. Garguille, *lui donnant un grand coup de pied dans le cul.*

Air : *Après la bataille.*

Animal infâme,
A quoi penses-tu ?
Tu réveilles ma femme,
Me voilà perdu....

Mad. Gautier.

Le mal-adroit ne vient-il pas d'en faire autant devant chez moi.

Arlequin.

Oh, pour le coup, M. Garguille, ce n'est plus ma faute ! Madame Garguille m'a payé pour y venir. Que ne m'avez-vous, ainsi que Madame Gautier, donné le double, pour n'en rien faire ?

M. Garguille.

Ah ! Madame Gautier, quel contretemps !

Mad. Gautier.

Ah ! M. Garguille, je suis une femme perdue !

M. Garguille.

Air : *Pierre Bagnolet.*

Que ferai-je ? quel parti prendre ?
Nous allons voir un beau fracas.
Pour le coup, je dois bien m'attendre....

Mad. Gautier.

Bien plus que vous ne suis-je pas
Dans l'embarras,
Dans l'embarras ?
Mais nous n'avons qu'à nous entendre,
Nous nous tirerons de ce pas.

Paix ! Voici mon mari qui sort ! Écartons-nous un peu, à la faveur de l'obscurité, pour nous concerter, & l'écoutons. Tout ceci finira en riant.

SCÈNE X.
M. & Mad. GAUTIER, M. GARGUILLE, ARLEQUIN.

M. Gautier.

Claperman ! Es-tu là ?

Arlequin.

Oui, Monsieur, me voici. Je battois à la porte de M. Garguille, où je croyois trouver une bouteille de vin, que devoit y avoir mise Madame Garguille, & que je n'y trouve point. Ne me l'auriez-vous pas soufflée.

M. Gautier.

Parlons bas. Écoute : n'as-tu pas trouvé quelqu'un, en ton chemin, dans cette rue ?

Arlequin.

Oh, oui, Monsieur ; je n'en ai que trop rencontré en mon chemin, dont les uns m'ont étrillé, & les autres m'ont bien fait peur !

M. Gautier, *appercevant M. Garguille*[111] *habillé en femme, & le prenant pour la sienne.*

Ne bouge, & ne dis mot. Je crois tenir ce que je cherche. N'appercois-tu pas, à quelques pas d'ici, une Dame avec un Cavalier ? Approchons ; & tâchons d'entendre ce qu'ils se disent.

Mad. Gautier.

Adieu, mon cher Marquis ! Je crains bien que le Claperman n'ait réveillé le bon homme.

Air : *J'ai passé deux jours sans vous voir.*

J'attends l'instant de vous revoir
Avec impatience.

M. Gautier.

C'est elle ! c'est sa voix : le délit est flagrant ! bon !

M. Garguille.

Ce moment fait tout mon espoir.
Ah ! quelle différence
Je trouve de ma femme à vous !

---

[111] Rigoley: '*M. Garguillle habillé*'.

Mad. Gautier.

Et moi, de vous à mon époux.

M. Gautier *en fureur, empoignant, dans l'obscurité,*
M. Garguille habillé en femme.

Ha ! ha ! Je vous y attrape donc une bonne fois ! Eh, oui, oui ! il y a bien de la différence, entre M. le Marquis & moi. Il te cajole ; & moi, je ne vais morbleu pas te cajoler, je t'en réponds ! Allons, allons ; marche, avance ! (*Il pousse chez lui M. Garguille, qui pleure & jette les hauts cris ; & il verrouille, à grand bruit, la porte, après l'avoir fermée de même.*)

SCÈNE XI.

Mad. GAUTIER, ARLEQUIN.

Arlequin, *étouffant de rire.*

Dites donc, Madame Gautier ; la bonne scène qui va se passer là, entre le mari de Madame Garguille & le vôtre !

Air : *du Gourdin.*

Le vôtre, osant lever la main,
 Voudra jouer du gourdin :
 L'autre saura se défendre ;
 Quel tapage ! Quel esclandre !
Cependant, il fera beau m'entendre,
 Faire office de Claperman.
  Et patapatapan,
   Tirrelan tan plan.

Air : *Des Forgerons de Cithère.*

Puis, sur un autre ton,
Et me faisant de fête ;
Au lieu de ma chanson,
Je crierai à tue-tête :
Frappez, frappez, frappez fort
 Sur la male-bête,[112]
Frappez, frappez, frappez fort,
 Et frappez d'accord.

---

[112] 'Malebête': a term refering to something dangerous.

Mad. Gautier.

Vas, vas, cela n'ira pas comme tu crois. Il n'y aura guères de coups de donnés. Le pauvre M. Gautier ne sera pas le plus fort.

Air : *Talaleri, talalerire.*

Je m'en fie à Monsieur Garguille,
A qui j'ai bien fait la leçon ;
Un mot finira la bisbille ;
Et le tout ira de façon
Que chacun finira par rire :
Talaleri, talaleri, talalerire.

SCÈNE XII.

M. GAUTIER *à sa fenêtre*, Madame GAUTIER, ARLEQUIN.

M. Gautier.

Air : *Lassi, lasson, la sombre dondaine.*

Mon galant Capitaine !
Si vous avez la tête un peu saine,
Ne prenez plus la peine
De rôder près de nous ;
J'ai, pour vous, tiré tous les verroux.
Vous aimez à chasser,
A passer, repasser ;
Courez la pretantaine :[113]
Chassez plutôt sur votre domaine !
Peur qu'un autre n'engraine :[114]
Un adroit Braconnier
Le premier
Peut tirer
Le gibier.

(*Il ferme sa fenêtre.*)

Mad. Gautier.

Le conseil est bon ; mais mal adressé. Paix. Voici Madame Garguille ! Je me retire un peu pour l'écouter ; & tu verras le reste.

---

[113] 'Courir la pretantaine': to rush about aimlessly.
[114] 'Engrainer' or, more usually, 'engrener' is literally to load a mill with grain, but in figurative expressions means simply 'to start something'.

SCÈNE XIII.

Madame GARGUILLE, OLIVETTE, Mad. GAUTIER *en homme*, ARLEQUIN.

Mad. Garguille.

Il faut que je sache où il est.

Olivette.

Où voulez-vous qu'il soit ? Avez-vous peur qu'il ne s'égare ? Il se retrouvera bien tout seul. Rentrons.

Mad. Garguille.

Air *de l'Attaignant* :[115] Il s'y prenoit si joliment, &c.

> Le Méchant veille, & quand je dors,
> Coule à bas du lit & se lève ;
> Et cela justement alors
> Que je me délecte en mon rêve !
> Je m'imaginois aujourd'hui
> Danser à la noce avec lui.
>   Il m'embrassoit !
>   Caressoit,
>   Gambadoit,
>   Sautilloit,
>   Me sautoit ;
>   Tout alloit bien ;
> Je m'éveille, & ne trouve rien.

Mets-toi à ma place ; toi qui vas avoir un mari.

Arlequin.

Madame, je vous demande pardon pour mon tambour ; je lui veux mal de mort, de vous avoir éveillée si mal-à-propos. Si vous voulez, je le crêverai.

Mad. Garguille.

Ah ! tu es-là, mon ami ! N'aurois-tu pas vu mon mari, chemin faisant ?

---

[115] The Abbé Gabriel Charles de L'Attaignant or Lattaignant (1697–1779) was a poet and songwriter.

Arlequin.

Non, Madame ; pas plus que la bouteille, que vous m'aviez promis que je trouverois à votre porte.

Mad. Garguille.

Je l'y avois pourtant laissée.

Olivette.

Vous verrez que c'est ce drôle de Scaramouche, qui vient y pincer sa guittare toutes les nuits, qui l'aura bue.

Mad. Garguille.

Ma pauvre Olivette, si tu savois mon dépit ! Je m'en trouve mal ! Soutiens-moi !

Air : *De la Ceinture.*

Un Époux de cette façon,
Méritoit-il un cœur fidèle ?

Olivette.

Pour moi, dès qu'il est papillon,
Je ne serois pas tourterelle.[116]

Mais, Madame, est-ce tout de bon ? vous pesez bien : à l'aide !

Mad. Gautier, *en Cavalier.*

Permettez, Madame, qu'un Cavalier, qui peut vous être inconnu ; mais à qui vous ne l'êtes pas, vous secoure, en l'état où vous êtes ici, à l'heure qu'il est.

Mad. Garguille.

Ah, Monsieur ![117] plaignez une jeune femme, négligée déjà d'un époux qu'elle aime !

Mad. Gautier.

Ciel ! peut-on vous être cher, & ne pas vous adorer, quand ceux qui vous sont indifférens vous idolâtrent ?

Mad. Garguille.

Ah, Monsieur ! les hommes sont des monstres ! Je sais qu'en dire : je me meurs.

---

[116] The butterfly symbolizes inconstancy, and the turtle dove fidelity in love.
[117] Rigoley: 'Ah, Monsienr ! plaignez'.

Mad. Gautier, *à Olivette*.

Demeure-là, ma mie. Je me charge de remettre Madame chez elle : tu l'y retrouveras tranquille.

SCÈNE XIV.
ARLEQUIN, OLIVETTE.

Olivette.

Je m'en fie bien à lui ; elle est en bonne main.

Arlequin, *à part*.

La Drôlesse ! Je vois bien qu'elle en sait déjà aussi long que Perrette. Je n'aime pas cela. Je croyois tenir une innocente ; mais il n'y en a point.[118] Et pour un pauvre innocent comme moi,[119] ce n'est que trop déjà d'une pendarde. Tenons-nous-en à Perrette.

Olivette.

Que jargones-tu là tout seul ? Et de quoi ris-tu ?

Arlequin.

Tu en vas bien rire aussi. Ce joli Cavalier-là, c'est Madame Gautier.

Olivette.

C'est Madame Gautier ! Tout de bon !

Arlequin.

Ce n'est pas autre chose que Madame Gautier elle-même habillée en homme ; & M. Garguille, habillé en femme, est actuellement enfermé chez M. Gautier, qui l'a pris pour la sienne, & l'a fait entrer de force dans la maison.

Olivette.

Il y a vraiment de quoi rire ; & tu me contes-là des merveilles.

---

[118] The same point is made in van Effen's commentary on the source text (see appendix).
[119] Whilst declarations like this are not always to be believed, we will remember that Arlequin was the only character apparently to take the Claperman's song at face value.

SCÈNE XV.
PERRETTE, OLIVETTE, ARLEQUIN.

PERRETTE, *à part*.

C'est ici, je crois, que de frayeur, j'ai tantôt laissé mes fromages.

ARLEQUIN, *sans voir Perrette*.

Oh çà, ma chère Olivette, nous nous marions dès qu'il sera jour. Un petit baiser, en avancement d'hoirie.

PERRETTE.

Tout doux, mon petit mari ! Vous vous mariez dès qu'il sera jour ? Ah ! je ne m'étonne plus !...

OLIVETTE *à Arlequin*.

Quelle est cette femme-là ?

ARLEQUIN.

Vous ne le croiriez pas : c'est la mienne.

OLIVETTE.

La tienne ! Comment, scélérat ! tu en voulois avoir deux !

ARLEQUIN.

Deux ! parbleu, trente, s'il ne tenoit qu'à moi !

PERRETTE & OLIVETTE.

Ah, voilà les chiens d'hommes ! (*Elles se jettent toutes deux sur lui, & le houspillent.*)

ARLEQUIN.

Holà donc ! holà, holà, femmes ! Au diable soient Gautier, Garguille, mon tambour, (*Il le crève*) & l'une de vous deux ! Viens, Perrette ! Retournons à notre village : choux pour choux,[120] je m'en tiens encore à toi ! & je te jure de ne me pas remarier, tant que tu vivras. (*Ils sortent.*)

---

[120] More commonly in the singular, 'chou pour chou' usually means that two things are of equal worth. The implication here would seem to be that, whilst Arlequin likes both women, if he has to choose, he will take Perrette.

Olivette *seule.*

Madame Garguille, ma bonne Maraine, m'avoit procuré là un joli parti : comme s'il y avoit déjà trop d'un homme tout entier, pour une femme.

SCÈNE XVI.
M. GARGUILLE, Mad. GAUTIER, OLIVETTE.

Mad. Gautier.

Eh bien, Voisin, comment cela s'est-il passé ? Tout va-t-il bien ? Puis-je entrer ?

M. Garguille.

Oh ! en toute sûreté ! J'ai laissé le bon homme de la meilleure humeur du monde. J'ai d'abord essuyé, sur votre compte, bien des jolis noms, que je ne saurois avoir l'honneur de mériter. Après les injures, les menaces. Après les menaces, outré de m'entendre rire, il en a voulu venir aux effets.[121] Je lui ai sauté au cou, comme pour l'embrasser ; il m'a colleté rudement. J'ai parlé, il m'a reconnu à la voix. Je lui ai dit notre complot, & comme actuellement vous étiez peut-être, dans les bras de ma femme. (*Il rit à gorge déployée.*)

Mad. Gautier.

Ma foi, écoutez donc, Monsieur Garguille, ne riez pas si fort, & ne vous moquez pas tant de mon pauvre mari ; à le bien prendre, il en est quitte, je pense, à meilleur marché que vous.

M. Garguille.

Comment cela ? Que voulez-vous dire ?

Mad. Gautier.

A peine mon mari avoit-il achevé sa belle chanson à sa fenêtre, que votre femme, à son tour, est sortie de chez vous, comme une Furie. Demandez à Olivette le beau train qu'elle faisoit.

Olivette.

Elle pleuroit, elle pestoit, elle alloit s'évanouir de rage, quand Madame, en Cavalier, lui a offert son assistance ; &, lui donnant le bras, l'a fait rentrer chez elle. Je ne sais pas le reste.

---

[121] 'Il en a voulu venir aux effets': he wanted to carry out the threats.

Mad. GAUTIER.

Un peu appaisée par mes beaux discours, elle a passé de la plainte au dépit ; & du dépit, à de petits desirs de vengeance, assez intelligibles. J'ai cru alors, pour l'honneur de l'habit que je porte, lui devoir avouer qui j'étois ; & lui dire le rôle qu'en même-temps vous joüiez auprès de mon mari. Cela l'a fait sourire. Mais je suis la plus trompée du monde, si mon démasquement ne l'a pas un peu plus fâchée, qu'étonnée. Qu'est-ce ? Vous ne trouvez plus cela si plaisant ?

M. GARGUILLE.

Ah oui, parbleu ! c'est bien là me connoître ! Arrive qui plante,[122] pourvu que j'aie la paix. Allons la faire tous deux dans nos ménages, & que cela finisse la Comédie.[123]

OLIVETTE.

Mais toute Comédie doit finir par un mariage ; & je n'en vois point ici.

M. GARGUILLE.

Ne vas-tu pas te marier tout-à-l'heure avec le Claperman ?

OLIVETTE.

Non ; ce ne sera pas sitôt ; car il faut attendre qu'il soit veuf.

M. GARGUILLE.

Comment ! le frippon est marié, & vouloit...

OLIVETTE.

Sa femme vient de le surprendre ici, & de le ramener à son devoir.

---

[122] An idiomatic phrase normally meaning 'what will be, will be', although here the sense seems to be closer to 'I don't care what happens'.

[123] The use of the word *dénouement* towards the end of this scene provokes a note in Rigoley's edition stating that it marks the point at which the play begins to show signs of the 'irregularity' that was allowed at the Fair theatres (see the note below), although it is, in fact, M. Garguille's use of the term *comédie* here and Olivette's reply, both of which can be interpreted metaphorically but clearly also invite a literal interpretation, that really mark the beginning of this process. From this point, in a relatively short space of time, any attempt to preserve the theatrical illusion is abandoned. Despite the comment in Rigoley's text, which suggests that this sort of breakdown of the illusion is characteristic of the Fair theatres, it was relatively infrequent, but nevertheless something that Piron was particularly fond of, so appears proportionally more frequently in his comparatively small number of plays from the repertoire than in others from the same period (see Connon, 'Scène et salle dans le théâtre forain', in *La Scène, la salle et la coulisse dans le théâtre du XVIIIe siècle en France*, ed. by Pierre Frantz and Thomas Wynn (Paris: PUPS, 2011), pp. 59–68, particularly pp. 62–63.)

M. Garguille.

Eh bien, j'en suis ravi. Tu aimois mieux ton Scaramouche ; je te le donne, avec l'office de Claperman.

Olivette.

Il faudroit qu'il fût ici pour ce* dénouement, &, malheureusement, il n'y a que faire.

Air : *Belle Brune, belle Brune.*

Sur la Scène,
Sur la Scène,
Rien ne l'amène....

SCÈNE XVII & *dernière.*

Les ACTEURS précédens, & SCARAMOUCHE.

Scaramouche, *descendant du ceintre par une machine.*

Patience, me voilà a, a, a, a ! *bis.*

Olivette.

Par où diantre viens-tu là ?

Scaramouche.

a, a, a, a !

Olivette.

Air : *Quand le péril est agréable.*

Tu prends des routes incongrues.

Scaramouche.

Route incongrue ou non, je prends
Celle de tous les dénouemens,
Quand je tombe des nues.[124]

---

* Ici la Pièce retombe dans l'irrégularité permise à ce Théâtre.

---

[124] A reference most obviously to the device of the deus ex machina, be it the character of a literal god in an actual machine who, in stage terms at least, really does descend from the clouds, or simply a new and unexpected character who arrives to sort everything out. But no doubt Piron is also poking fun at plays which, without resorting to a character of this type, still rely for their dénouement on the revelation of unsuspected and surprising information.

L'Acteur *qui a représenté M. Garguille.*[125]

Il ne manqueroit plus, pour faire rire ces Messieurs,[126] qu'à faire venir le Divertissement par nos trappes.

OLIVETTE.

Bon, bon, il y faut bien tant de façons ! qu'il entre, tout à son aise, par les coulisses. Ces Messieurs sont accoutumés d'en voir d'aussi mal amenés sur tous les Théâtres. (*Il y avoit quatre ou cinq personnes apostées & répandues dans l'Auditoire qui crièrent :* QU'IL ENTRE *; & l'Auditoire fit chorus, en battant des mains.*)[127]

DIVERTISSEMENT.
VAUDEVILLE.[128]

Une femme fait peste & rage ;
Un mari maudit son destin :
Pourquoi tout ce mauvais ménage ?
C'est faute d'un réveil-matin.

Des Créanciers à notre porte
Nous font lever avec chagrin :
Mais de l'argent qu'on nous apporte ;
Oh ! c'est un bon reveil-matin.

---

[125] This is an indication that the theatrical illusion has been abandoned completely, so that the actors have given up the pretence of being in character. It is interesting, though, that Piron does not adopt this same formula for either of the other characters who speak in this scene. The name M. Garguille comes from the French tradition, and the character's role is limited to this play; Olivette, and particularly Scaramouche, on the other hand, are archetypes that belong to the Italian tradition, and will appear in various plays, played by the same actor, and showing similar character traits. Hence, even when the actor steps out of the particular character adopted specifically for this play, he or she will still be closely enough identified with the archetype for the name to remain appropriate.
[126] 'Ces Messieurs': in other words, the audience.
[127] Rigoley: '*mains.* | DIVERTISSEMENT'.
[128] The term is being used here not in its original sense, but to signify the type of finale typical of an *opéra-comique*, or *comédie en vaudevilles*. As we have noted, these finales were usually set to new music, specially composed for them and, although it is unusual for the name of the composer not to be specified, the lack of any indication of a familiar tune to which it should be sung suggests that this was also the case here. The repeated refrain, albeit varied here, is typical of the form. (On the term 'vaudeville', see the section on Piron's use of music in the introduction.)

Défiez-vous de l'hymenée ;
L'époux débute en vrai lutin :[129]
Mais, dès la seconde journée,
Il lui faut un réveil-matin.

Entre Amans, c'est une autre affaire ;
Mais aussi l'Amour est bien fin :
A chaque horloge de Cithère,[130]
Il mit un bon réveil-matin.

Un Amant discret & sincère,
De Lise comble le destin :
Et c'est à l'ombre du mystère
Qu'il lui sert de réveil-matin.

Tel ouvrage voit la lumière,
Et croit effacer le Lutrin ;[131]
Qui serviroit de somnifère,
Bien mieux que de réveil-matin.

Dès l'aube du jour je m'éveille,
Au bruit d'un Cabaret voisin.
On sonne un tocsin de bouteilles ;
L'agréable réveil-matin.

FIN.

---

[129] A 'lutin' is a sort of imp or goblin, but the reference here is to the fact that, proverbially, an active man who needed little sleep was said to sleep no more than a *lutin*.
[130] See n. 41 above for the association of the island of Cythera with Cupid and love.
[131] *Le Lutrin* is the famous heroic parody by Nicolas Boileau (1636–1711).

L'ÂNE[132] D'OR D'APULÉE,

OPÉRA-COMIQUE

EN DEUX ACTES,

Mêlé de prose & de vaudevilles.

Joué sur le Théâtre du Fauxbourg Saint-Laurent en 1725.

---

[132] The use of the circumflex on *âne* and its derivatives in the text is sporadic: when the whole word is in large capitals, it is omitted, except for the titles here on the title page and at the head of the first act, but, otherwise, it is more or less equally likely to be present or missing whether on an upper- or a lower-case 'a'; it is even replaced by a grave accent at the beginning of I. 11.

PERSONNAGES
DE LA PIÉCE.

OCTAVE.
ISABELLE.
COLOMBINE.
ARLEQUIN, *âne*,[133] *Amant de Colombine.*
MÉZZÉTIN,[134] *Maître-d'Hôtel d'Octave.*
SCARAMOUCHE, *Poëte, sous le nom de* M. GLORIOLET,[135] *Amoureux de Colombine.*
PIERROT, *Cuisinier, aussi Amoureux de Colombine.*
FRIPPESAUCE,[136] *Marmiton.*

    PERSONNAGES *du Divertissement, composé en forme d'Épithalame, par* M. GLORIOLET.

L'HYMEN.
L'AMOUR.
LE COCUAGE.
LE DÉCORATEUR.

    La Scène est dans une Ville de Thessalie.

---

[133] We cannot know exactly what the costume transforming the actor into an ass was like, but enough of Arlequin's traditional costume would have been visible to leave the audience in no doubt about his true identity as the *commedia dell'arte* archetype (see also note 158).

[134] A number of French variants of the spelling of the name of the Italian character Mezzetino are to be found (with one or two 'z's, or accents on both or either of the 'e's), but this is one of the least usual, and is presumably an error here, since the character is referred to consistently in the rest of the text as Mézétin. Although that version is more common than Mézzétin, it remains unusual in this repertoire: the spelling Mezzetin, used by Piron in *Le Claperman*, his only other play for either the Fairs or the Italians to feature the character, is the form found consistently in both Gherardi's *Théâtre italien* and Lesage and d'Orneval's *Théâtre de la Foire*.

[135] This grandiose name anticipates the joke Piron was to make in his masterpiece *La Métromanie*, where the poet Damis adopts the even less plausible pseudonym Monsieur de l'Empirée. However, whilst Damis's double identity forms part of the plot of that play, something different is at work here. The name Scaramouche, which is never alluded to either in the dialogue or the stage directions of the play itself, appears here for the first and last time and alerts us to the fact that this is an example of a device often used at the Fairs where a character in the play is 'played' by one of the archetypal figures. So not only would the actor whose usual role was Scaramouche take the role of Gloriolet, but elements of Scaramouche's costume and mannerisms would also be apparent in the performance. Nevertheless, in terms of the plot, there is no suggestion that Gloriolet is Scaramouche in disguise. This means that our response to the character is influenced by what we know of the archetype: Scaramouche is traditionally a braggart whose boasting has no basis in fact, which fits perfectly with the impression given by the name Gloriolet.

[136] 'Frippe-sauce' or 'fripe-sauce' is a common term for either a greedy person or, as here, a bad cook. The more usual spelling with a hyphen is used consistently in the text of the play.

L'ÂNE D'OR*,
OPÉRA-COMIQUE.

ACTE PREMIER.
SCÈNE PREMIÈRE.
ISABELLE, COLOMBINE.

Isabelle.

Air : *Ton humeur est Catherène.*

D'où vient cette rêverie,
Cette douleur dans tes yeux,
Aujourd'hui qu'on me marie,
Et que tout rit dans ces lieux ?

(*Colombine soupire.*)

Oh ! je n'y puis rien comprendre !
Je m'impatiente enfin.
Je veux tout-à-l'heure apprendre
Ce qui cause ton chagrin.

Colombine.

Air : *Dedans nos bois il y a un Hermite.*

Votre bonheur, plus grand qu'on ne peut croire,
Et qui vous est bien dû,
Trop vivement rappelle à ma mémoire
Celui que j'ai perdu.
Quand tout vous rit, tout contre moi conspire ;
Je ne saurois rire,
Moi,
Je ne saurois rire.

---

* Cette Pièce eut 40 représentations consécutives pendant 40 jours ; mais je n'en fus ni plus vain, ni plus modeste pour cela.

Isabelle.

Air : *M. le Prévôt des Marchands.*

Explique-toi plus clairement :
Je veux savoir absolument
Quelle peut être ta disgrace.

Colombine.

L'aveu n'est pas en mon pouvoir.

Isabelle.

Oh ! c'est aussi trop de grimace !
Adieu : je ne veux rien savoir.

Colombine.

Air : *Que faites-vous Marguerite.*

Un peu moins de pétulance !
Madame, point de courroux !
Je veux bien rompre un silence
Qui me pèse plus qu'à vous.

Air : *Je n'saurois.*

Il faut que je me surmonte,
Et qu'en la vie, une fois,
Je déclare, & je raconte....
Mais, je perds déjà la voix.
  Je n'saurois ;
Je rougirois trop de honte ;
  J'en mourrois.

Isabelle.

Prends courage ; tu n'as pas affaire à un Dragon d'honneur ;[137] je t'entends : il y a ici de la galanterie.

Colombine.

Doucement, Madame, il n'y a encore que de l'amour.[138]

---

[137] A 'dragon d'honneur', or more commonly 'dragon de vertu', is an unreasonable woman who affects a highly moral attitude.
[138] Colombine is making the point that, although she was in love, the relationship had not progressed any further than emotional attraction. The same cannot be said of the equivalent characters in Apuleius, Lucius and Fotis, who quickly become enthusiastic physical lovers.

Isabelle.

Et pour qui ?

Colombine.

Voilà ce que je n'oserois vous dire.

Isabelle.

Dis toujours, & pourquoi ?

Colombine.

C'est que ce n'est que pour une Bête, & une très-vilaine Bête.

Isabelle.

J'y suis. Pour ce niais de Pierrot, que je vois bien qui t'aime aussi.

Colombine.

Le Cuisinier !

Air : *De Léandre.*

Fi donc ! un Gile,[139] un Innocent,
Un bas Polisson qui s'admire,
Qui, pour un mot, vous en dit cent,
Sans qu'on sache ce qu'il veut dire ;
Et qui me tient des propos doux,
Plus dégoûtans que ses ragoûts.

Isabelle.

Seroit-ce pour Gloriolet ? cette bête de Bel-Esprit, l'auteur du divertissement qui doit me servir aujourd'hui d'Épithalame ?

---

[139] More usually in this context 'Gille' (or 'gille'); see note 77 above.

COLOMBINE.

Fin d'un air connu.[140]

Ah ! fi donc ; taisez-vous, Madame !
En vérité,
C'est me croire le cerveau démonté !

Oh, bête pour bête, j'aimerois cent fois mieux le benêt de Cuisinier, que votre petit Monsieur Gloriolet : il m'en conte, il est vrai ; mais je ne balancerois pas plus entre lui & Pierrot, en cas de besoin, que je ne ferois entre un Madrigal & une fricassée de poulets.

Air connu.[141]

ISABELLE.

Oh, ne me laisse pas donc,
Plus long-temps l'ame incertaine !

COLOMBINE.

Le récit est un peu long,
Laissez-moi reprendre haleine.

Je vous ai souvent parlé d'une vieille Sorcière que j'ai servie.....[142]

---

[140] See the section in the introduction on the use of music. The identity of the intended tune here is puzzling, since the text seems to point very clearly to an air which elsewhere has as its *timbre* either 'Vous avez bien de la bonté' or 'Monsieur, en vérité, vous avez bien de la bonté'. In other uses, the new text tends to retain as its last two lines the whole of the text found in the longer version of the *timbre*, although the form of address, whilst always present, is, as here, often varied. What is problematic is not that, unusually, Piron varies the text of the last line (even if it is usually retained, there were no hard and fast rules), but that his new text in all three lines has too many syllables to fit the music. The textual similarities, even with the varied last line, make it unlikely that a different tune was intended, but why, then, does the text not fit?
[141] See the section in the introduction on the use of music. I have not been able to identify the tune intended here.
[142] Much of what follows derives from the third book of Apuleius. Piron has added the game of transformations: in the original the characters intend only to transform Lucius into a bird; this goes wrong when Fotis accidentally anoints him with the wrong unguent, and he becomes an ass. Despite Fotis's distress at her mistake, she disappears from the tale at the point where Lucius is taken away by the robbers, so Colombine's account of her quest to find Arlequin is again Piron's addition, as is the detail that he does not know that all he needs to do to turn back into a man is to eat roses: Fotis informs Lucius of this immediately, but various circumstances, including the onset of winter, prevent him from doing so.

ISABELLE.

Et de chez qui même tu m'as dit avoir emporté des secrets, que tu ne veux révéler encore à personne.

COLOMBINE.

C'est que je ne les veux publier qu'après un essai que j'en dois faire ; & l'occasion ne s'en est pas encore offerte : or, entr'autres secrets, cette Femme avoit des huiles, dont on n'avoit qu'à se frotter, pour se transformer en toutes les sortes d'animaux qu'on vouloit. Maudite soit cent fois la Sorcière !

Air : *Où êtes-vous, Birène, mon ami.*

Un jour, hélas ! Arlequin, mon Amant,
Comme nous étions l'un & l'autre en gogues,[143]
N'alla-t-il pas s'aviser follement,
De vouloir faire épreuve de ses drogues ?

Et moi, aussi folle que lui, au lieu de l'en empêcher, j'eus, au contraire, la sottise de vouloir être de moitié dans les expériences, & prendre ma part du passe-temps.

Air : *Ah, mon Dieu, que de belles Dames l'on voit ici.*

Tour-à-tour nous nous vîmes,
Coq, poule & moineau :
Ensuite nous nous fîmes
Génisse & taureau :
Ah, mon Dieu ! que tous deux nous rîmes,
Dessous cette peau !

ISABELLE.

Eh ! où est le mal jusques-là ?

COLOMBINE.

Un moment, Madame, le voici :

Air : *Des Pendus.*

Voulant, pour le plaisir complet,
De mon Galant faire un baudet ;
Tout alla d'abord à merveilles :
Forte échine, longues oreilles,
Et queue, & croupe de mulet,
Il devint un âne parfait.

---

[143] 'En gogues' is to be in a mood where you are looking for amusement.

Vous ne voyez peut-être pas encore grand mal jusques-là. Eh, non ; mais voici le diable : je me frottois, ou plutôt j'allois me frotter de la même drogue, pour lui donner le plaisir de me voir changée en bourique, & dans le cas de pouvoir chanter ensemble, un fort joli Duo, quand, tout-à-coup :

> Air : *J'entends déjà le bruit des armes.*

> Des voleurs enfonçant la porte,
> Entrèrent chez nous brusquement :
> Je laisse-là tout, demi-morte,
> Et je m'enfuis imprudemment ;
> Tandis qu'on pille, & qu'on emporte
> Tout, sur le dos de mon Amant.

Isabelle.

Ah ! le malheureux garçon !

Colombine.

Jugez de ma consternation, quand revenue de ma frayeur, & le péril passé, je ne retrouvai plus mon pauvre âne.

> Air : *Tes beaux yeux ma Nicole.*

> J'ai couru l'Arcadie,[144]
> Et les pays lointains :
> J'ai d'Europe & d'Asie,
> Visité les moulins :[145]
> En parcourant les Gaules,
> J'ai même fureté
> Dans toutes les écoles
> De l'Université.[146]

Pas perdus ! je n'en ai eu de nouvelles nulle part. Il est peut-être mort, ou mangé des loups, & cela faute d'avoir pu lui dire, qu'il ne falloit pour reprendre sa première figure, que mâcher les premières roses qu'il trouveroit : d'autant plus, qu'alors nous étions au mois de Mai, la plus belle saison du monde pour lui.

---

[144] Arcadia is both a geographical region in Greece, and a term used for a rural paradise.
[145] In book nine of the novel, Lucius is sold to an owner who uses him to turn his mill, a common use for asses.
[146] The sort of asses found in schools and universities would, of course, be metaphorical.

ISABELLE.

Air : *Les Foires de Champagne.*

Je ne saurois te le nier,
 Je plains le pauvre haire :[147]
Mais, crois-moi, cherche à l'oublier ;
 Et si tu veux bien faire,
Prends, pour mari, le Cuisinier,
 C'est toute ton affaire. (*Elle sort.*)

COLOMBINE, *seule.*

Air : *Non, non, il n'est point de si joli nom....*

 Non, non,
Mon cœur n'entend point de raison,
 Il est tout à mon cher Ane !
 Non, non,
Jamais garçon ne fut si bon,
 Que l'étoit mon cher Anon.

Air : *Réveillez-vous, Belle endormie.*

On vient : c'est Pierrot qui s'avance :
Fuyons ce sot original :
Tâchons d'éviter sa présence,
Pour aller pleurer son rival.

SCÈNE II.

PIERROT, ARLEQUIN *son âne, chargé de provisions.*

PIERROT, *le frappant.*

Air : *De Grimaudin.*

Vas donc ! On diroit qu'il me brave,
 Par sa lanteur !
Il a l'air, avec son pas grave,
 D'un Sénateur.
Vous marcherez, maître Martin,[148]
Où vous mourrez sous le gourdin.

---

[147] 'Un pauvre haire' is an unfortunate person. The noun is hardly ever used without the adjective 'pauvre'.
[148] Martin was a common name for an ass, as is attested by the proverb 'Il y a plus d'un âne à la foire qui s'appelle Martin'.

A l'écurie ! (*Il le chasse.*) J'ai bien peur d'avoir fait tout-à-l'heure un mauvais marché, en achetant cette diable de bête-là : mais il ne me coûte qu'une pièce d'or, & le bon marché fait tout prendre. Il a bon pied & bon œil, du moins. Il évite les mauvais pas, les passans & les voitures, mieux que ne font bien des personnes. J'en ai été comme en extase.

Air : *Pierrot se plaint que sa femme.*

Il a de l'intelligence,
A tel point qu'il me ravit ;
D'âne il n'a que l'apparence ;
Des bêtes, sans contredit,
  Il est la crême ;
Il a presque autant d'esprit,
  Que Pierrot même.

Mais, je vois bien ce que c'est : il y a bon remède. Ce sont des Prêtres d'Isis qui me l'ont vendu. Le mauvais exemple l'aura rendu paresseux.[149] Le bâton y mettra ordre.... Ça, ça, songeons au dîné. Où sont nos Marmitons ? (*Il les appelle.*)

Air : *Carillon de Nantes.*

Fouille-au-pot !
Crocq-lardon !
Pile-verjus, allons donc !
Frippe-sauce !
Frippe-sauce ![150]

Ils sont sourds ! Personne ne vient : tant mieux.

Air : *Si le Roi m'avoit donné Paris sa grand'Ville.*

Après tout, qu'ai-je besoin
  De leur compagnie ?

---

[149] While this is a variant on the satire traditional in French literature of the laziness of monks, it also has a basis in two episodes of the novel by Apuleius, which Piron conflates. In book eight of the novel Lucius is sold to priests of a deity identified only as the Syrian goddess, but who can be identified as being almost certainly Atargatis, whose priests are self-castrated eunuchs, something of which Apuleius makes much. These priests are dishonest and, despite their self-inflicted deficiency, sexually promiscuous. The borrowing from Apuleius here is not exact: Lucius is not bought directly from the priests of the Syrian goddess by the two cooks, but this episode does precede the one on which the action of the play is based. The priests of Isis do not appear until the end of the novel, when the goddess they worship enables the transformation of Lucius back into a man, causing him to devote himself to her service. These priests are depicted in an entirely positive light. If Piron refers here to the priests of Isis rather than those of the Syrian goddess, the intent could well have been to distract those who knew the novel well from the vices associated with the eunuch priests.

[150] These are all traditional names for bad cooks.

> Pour déjeûner sans témoin,
> Et suivre l'envie
> Qui me prend en ce moment,
> De boire gaillardement
> Pinte, avec ma Mie, ô gué !
> Pinte, avec ma Mie.

Air : *Un petit moment plus tard.*

> Nous nous régalerons tantôt
> En Rois de Cocagne :
> Voilà d'abord un petit pot
> De vin de Champagne :
> Mettons encore à l'écart
> Cette tourte friande ;
> Et ce beau saucisson : car
> Elle est ! elle est... gourmande.[151]

Air : *Est-ce ainsi qu'on prend les Belles, ô gué lon là.*

> Pour attendrir les Cruelles,
> Les sentimens délicats
> Sont de pures bagatelles ;
> Parlez-moi d'un bon repas :
>
> (*Montrant le saucisson.*)
>
> C'est ainsi qu'on prend les Belles,
> O gué lon la ! ô gué lon la.

C'est assez dit. Courons la chercher.

SCÈNE III.

L'ANE *seul.*

Il entre, flaire par-tout : découvre l'endroit où le Cuisinier a détourné ses provisions ; mange à l'aise, boit à même ; &, entendant du monde venir d'un côté, s'enfuit de l'autre.[152]

---

[151] The ellipsis suggests a pause intended to signal that 'gourmande' was not the word originally intended; Piron is exploiting the usual lewd associations of sausages.

[152] It is while Lucius is owned by the two cooks in book ten of the novel that he has access to human food.

SCÈNE IV.

PIERROT, MÉZÉTIN, COLOMBINE.

Mézétin, *Maître-d'Hôtel, entre le premier, & ne trouvant personne, appelle plusieurs fois Pierrot : Pierrot vient.*

Ah vous voilà ! Tenez, c'est l'ordre du repas que je vous apporte. (*Il lui donne un papier, & lui chante à l'oreille.*)

Air : *Je reviendrai demain au soir.*

Ami, j'ai mis à rémotis,[153]
Quelque chose d'exquis ; *bis.*
Dans un moment je suis à vous,
Et nous boirons deux coups. *bis.*

Pierrot *embarrassé.*

Oh ! Monsieur le Maître, donnez-vous tout le temps que vous voudrez ; car, comme vous voyez, j'ai, ainsi que vous, plus d'une affaire ici.

SCÈNE V.

PIERROT, COLOMBINE.

Colombine.

Air : *Voici les Dragons qui viennent.*

Ça, voyons, parlez donc vîte !
Que me voulez-vous ?

Pierrot.

Patience, ma Petite !

Colombine.

Oh ! dépêche, ou je te quitte !

Pierrot.

La, la, tout doux ! la, la, tout doux !

Colombine.

Voyons enfin à quoi aboutira cet air empressé & mystérieux, avec lequel tu me fais trotter de si loin.

---

[153] 'À rémotis': to one side.

PIERROT.

Eh, quoi ! belle rôtisseuse des cœurs, ne saurai-je jamais à quelle sauce vous mettre les sentimens du mien, pendu à votre crochet ? Hélas !

Air : *Des folies d'Espagne.*

De vos beautés l'allumette gentille,
De mon amour embrâse le tison !
Je bous, je fris, je rôtis, & je grille
Au feu d'un œil, si vif & si frippon.

COLOMBINE, *d'un ton railleur.*

Refrain de l'air suivant.

Et ton, relon tonton, tontaine, la tontaine ;
Et ton, relon tonton, tontaine, la tonton.

PIERROT.

Air : *Et ton, relon tonton, tontaine.*

Mettez la main un moment à la broche,
Et lui donnez un favorable tour....

COLOMBINE.

Et ton, relon ton ton, tontaine, la tontaine.

PIERROT, *d'un ton tendre & comique.*

Air : *Le beau Berger Tyrcis.*

Quoi ! toujours sur ce ton !
Toujours cruelle & fière !
Prends pitié de ton mouton,
Mon adorable Bergère !....

COLOMBINE.

J'ai bien bon appétit, Pierrot !

PIERROT.

Air : *Quand la Bergère vient des champs.*

Si l'on me souffre, je le voi,
Je ne le doi
Qu'à mon emploi :
Hélas ! n'ai-je donc, comme un sot,

D'autre mérite,
Que ma marmite ?

Colombine, *faisant une humble révérence, & s'en allant.*

Adieu Pierrot.

Pierrot.

Air : *Les Amours triomphans.*

Belle, attendez, je vas
Vous satisfaire !
Vous ne manquerez pas
De bonne chère.

(*Il va au coffre où il avoit serré le déjeûné.*)

Voici de quoi la faire
J'ai là du nanan caché ;
Et nous allons, ma chère...

(*Il ne trouve rien.*)

Les oiseaux l'ont déniché.[154]

Colombine, *se moquant de lui, sort, toujours dansant, en chantant le refrain* :

Tarela, tarela, tarela lala, tarela, tarela !

Pierrot, *tâchant de la retenir.*

Air : *Des fraises.*

Ah ! croyez, mon doux souci !...

Colombine, *se débarrassant.*

Le plaisant personnage,
Pour m'oser jouer ainsi !
Une autrefois reviens-y.

---

[154] A comic variant of the phrase 'les oiseaux sont dénichés' (see notes 86 and 87).

SCÈNE VI.

PIERROT *seul*.

J'enrage, j'enrage, j'enrage !

Même air.

Par la morbleu, je saurai
    D'où vient la manigance.
C'est lui, j'en suis assuré !
    Paix ! bientôt j'en tirerai
Vengeance, vengeance, vengeance.

C'est Mézétin : oui. Qui donc ! Je l'ai trouvé seul, ici, en y entrant. Nous verrons, nous verrons ! Le voici.

SCÈNE VII.

PIERROT, *Cuisinier* ; MÉZÉTIN, *Maître d'Hôtel*.

MÉZÉTIN, *sautant de joie.*

Air : *Lampons ! lampons ! &c.*

En attendant le dîné,
Voici, pour le déjeûné,
Un saucisson de Boulogne,
Et du bon vin de Bourgogne,
Lampons, lampons, camarade lampons !

(*Montrant une grande bouteille.*)

Air : *Allons gai.*

Elle est de belle taille,
Le Bourgogne excellent :
Ami, faisons ripaille ;
Mangeons, buvons d'autant !
Allons gai, toujours gai, d'un air gai, &c.

PIERROT.

Air : *Ami, sans regretter Paris.*

Vous faites le mauvais plaisant :
    Cela ne vous sied guères.
Cherchez quelqu'autre complaisant,
    Qui souffre vos manières.

MÉZÉTIN.

Air : *Lanturelu.*

Que voulez-vous dire ?

PIERROT.

Que tous ces tours-là
Ne me font point rire.

MÉZÉTIN.

Qu'est-ce donc qu'il a ?
Est-il en délire ?

PIERROT.

Faites-bien le résolu !

MÉZÉTIN.

Lanturelu, lanturelu, lanturelu.[155]

PIERROT.

Monsieur Grippe-cire, ne m'échauffez pas les oreilles !

MÉZÉTIN.

Monsieur Grippe-suif, ne m'échauffez pas les miennes ![156]

PIERROT.

Air : *Voulez-vous savoir qui des deux.*

Vous savez que les Cuisiniers
Se fâchent assez volontiers ;
Et que les drôles de ma sorte
Ont la tête chaude....

---

[155] See note 85.

[156] 'Grippe-cire' and 'Grippe-suif' are constructed by analogy with 'grippe-sou', a term which eventually came to mean a 'miser', but at this period denoted someone who, for a small commission, collected money on behalf of those who lived off their assets. Whilst this was a legitimate job, 'gripper' could also mean 'to steal', and what follows confirms that the two characters are accusing each other of pilfering. Although the examples of actual pilfering given by the characters refer to financial arrangements with the baker and the butcher, and to kept women, the insults themselves refer to pilfering candles. In one sense, Mézétin simply turns Pierrot's insult back on him, but does so in a way that belittles him by drawing attention to their difference in status: Mézétin, as maître d'hôtel, pilfers beeswax candles, which were expensive and so used only by the masters; Pierrot, as a mere cook, can pilfer only inferior tallow candles.

MÉZÉTIN.

Oui, vraiment !
Mais chaude, ou froide, que m'importe ?
Tout cela m'est indifférent.

PIERROT, *en fureur.*

Air : *des Trembleurs.*

J'ai trop été pacifique !
Crains, qu'enfin je ne me pique !
Pille Maître & Domestique :
Mais, ne viens pas jusqu'à moi.

MÉZÉTIN.

Je ne sais d'où vient ta rage :
Mais, parbleu, tu n'es pas sage,
De m'accuser de pillage,
Toi, qui pilles plus que moi.

PIERROT.

Air : *Le fameux Diogène.*

Je saurai, double traître,
Te nuire auprès du Maître,
En tout temps, en tous lieux :
Et pour premiers déboires,
Je vais sur tes Mémoires,[157]
Lui faire ouvrir les yeux.

MÉZÉTIN.

Sur mes Mémoires ! Songes-tu que les tiens en sont toujours le premier article ?

PIERROT.

Même air.

Il est temps qu'on traverse
Certain petit commerce,
Avec le Boulanger.

---

[157] 'Mémoires' here in the sense of 'financial records'.

MÉZÉTIN.

Crois-tu que je te passe
Les tours de passe-passe,
Que je sais du Boucher ?

PIERROT.

Air : *Vous en venez, ah ! je vois bien que vous en venez.*

Et cette Épouse clandestine,
Qui fait mal aller la cuisine,
Et chez qui tout le meilleur va :
On le saura, on le saura !
Ta vieille femme le saura :
    Elle le saura !

MÉZÉTIN.

Même air.

Et la marmite de cette autre,
Qui bout aux dépens de la nôtre ;
Penses-tu que je m'en tairai !
Je le dirai, je le dirai !
A Colombine j'en parlerai !
    Je le lui dirai !

PIERROT.

Air : *Mordienne de vous.*

Tu le lui diras ?

MÉZÉTIN.

Seulement commence :
Fais le premier pas !

PIERROT.

Je perds patience !

(*Il lui saute à la gorge.*)

Tu le lui diras !

(*Ils se battent en disant le reste : Mézétin s'échappe, & Pierrot court après.*)

Gibier de potence !
Tu le lui diras !

(*L'Ane vient.*)

L'ÂNE D'OR

MÉZÉTIN.

Viens, viens ; tu verras !

SCÈNE VIII.
L'ANE *seul.*

Il trouve ce que venoit d'apporter le Maître-d'Hôtel, mange tout, & trouve moyen, avec ses pieds de devant, de boire à même.[158]

SCÈNE IX.
L'ANE, PIERROT, *revenant tout houspillé, & sans voir l'Ane qui continue de boire.*

PIERROT.

Tu le lui diras ? chien que tu es !

Air : *Attendez-moi sous l'orme.*

J'ai payé ta malice !...

(*Voyant boire l'âne.*)

Mais, Dieux ! veillé-je, ou non ;
Mon âne, comme un Suisse,[159]
Le nez dans un flacon !
L'aventure est nouvelle !
Voilà donc le frippon
Qui fait notre querelle !
Parbleu le tour est bon !

Air : *Tu croyois, en aimant Colette.*

Je veux régaler ma cruelle,
D'un spectacle si surprenant :
Il fera ma paix avec elle ;
Mais ne perdons pas un instant.

---

[158] This gives us some idea of the sort of costume Arlequin was wearing, which clearly did not try to conceal his human traits completely; Lucius in the novel, having been transformed into an actual ass, can eat only as an ass does. Still, on catching him in the act of eating human food, his owners, like Pierrot, are sufficiently amused to want to show off his talent.

[159] The expression could, as Furetière suggests, refer to the reputation of the Swiss as great drinkers, a reputation perhaps originating in the drinking habits of the Swiss guard, which was part of the royal household during the reigns of Louis XIII and XVI. The term 'Suisse', often with a lower case 's', also came to refer to the doormen of great houses, who wore uniforms similar to those of the Swiss guard, and so the expression could also derive from their behaviour.

SCÈNE X.

COLOMBINE & GLORIOLET *entrent par un côté du Théâtre, en même-temps que Pierrot sort de l'autre, & sans voir l'Ane, qui regarde attentivement Colombine.*

COLOMBINE.

Air : *Bouchez, Naïades, vos fontaines.*

De grâce, laissez-moi tranquille !
Contre vous n'est-il point d'asyle ?
Adieu, Monsieur Gloriolet.
Où faut-il qu'on se réfugie ?
La peste soit du Jodelet ![160]

GLORIOLET.

Lisez du moins cette Élégie !

COLOMBINE.

Non, non, je ne veux rien lire, non !
Non, non, je ne veux rien lire ![161]

GLORIOLET.

Air : *Pierre Bagnolet.*

Pourquoi cette rigueur extrême !
Eh, lisez-là ! vous y verrez
Avec quelle ardeur je vous aime !

COLOMBINE.

Vainement vous persévérez.

GLORIOLET.

Vous la lirez ! vous la lirez !
Ou, je vous la lirai moi-même.
Écoutez bien, & m'admirez.

---

[160] Jodelet was the stage name of Julien Bedeau (*c.* 1590–1660), a comic actor who worked with, amongst others, the Corneille brothers, Scarron, and Molière. This name was often used for the characters he played, and even appeared in the titles of some of the plays written for him. He usually took the part of a foolish servant, hence the use of his name here to denote a fool.

[161] Although he gives no indication of the change of tune, Piron assumes that the words will make it obvious that these two lines should be sung to the appropriate fragment of the air known as 'Non, non, je ne veux pas rire'.

L'ÂNE D'OR

(*Il lit avec emphase, en la tenant par la main.*)

Effroyables rochers ! précipices affreux !
Déserts où j'ai poussé tant de cris douloureux !
O vous.....

   COLOMBINE, *lui donnant un soufflet.*

   Air : *Quand je bois de ce jus d'Octobre.*

  Ton Élégie est importune :
  Sur ce soufflet que tu reçois,
  Vas en composer encore une :
  Tu liras le tout à la fois.

GLORIOLET, *d'un air content & respectueux, faisant la révérence.*

  Je vais obéir à vos loix.

SCÈNE XI.
COLOMBINE, L'ÂNE.

COLOMBINE, *n'ayant point encore vu l'Ane qui s'approche d'elle par derrière.*

   Air: *O reguingué, ô lonlanla.*

  Mon cher Arlequin, c'est pour toi,
  Que je me suis fait une loi
  De haïr tout ce que je voi !
  Qu'on m'approuve, ou qu'on me condamne,
  Je veux mourir veuve d'un âne.

   Air : *De M. Labbé le Violoncelle.*[162]

  Mais, peut-être, qu'aujourd'hui,
  Le drôle est tout plein de vie :
  Quand je ne songe qu'à lui,
  Peut-être, hélas ! il m'oublie !

---

[162] The Abbé Pierre Saint-Sevin (1695–1768) was a cellist in the orchestra of the Opéra and a regular composer for the Fairs. Whilst a heading like this would often suggest a tune specially composed for the context, the lack of any suggestion that this music is intended to have a special impact, as well as its reappearance with quite different words later in this scene and in act II, scenes 4 (twice), 5, and 6, indicate that it is a familiar tune being used as part of the repertoire of vaudevilles. Confirmation of this is provided by Piron's consistent use of the formula 'composé par' rather than a simple 'de' for the music that clearly has been specially written for this play.

Arlequin*.

Hin ! ha ! hon ! hin ! ha ! hon ! hin ! ha !

Colombine *surprise, autant qu'effrayée, se retourne, & l'examinant* :

Air : *Des Pélerins.*

> Que vois-je ! Je suis éperdue !
> Hélas, mon Dieu !
> Quel animal s'offre à ma vue !
> Et dans quel lieu !
> Ah ! toucherions-nous à la fin
> De l'aventure ?
> Seroit-ce mon pauvre Arlequin ?
> Je vais en être sûre.

Arlequin.

Hin ! ha ! hon ! hin ! ha ! hon !

Colombine.

Voici l'occasion de me servir de cet anneau constellé, qui a la vertu de faire parler les bêtes, comme autrefois.[163] (*Après le lui avoir mis dans l'oreille.*)

Air : *Vraiment, ma Commère, oui.*

Est-ce bien toi, mon ami ?

L'Âne.

Vraiment, ma Commère, oui.

Colombine, *sautant de joie & l'embrassant* :

Ai-je été dans ta mémoire ?

L'Âne.

> Vraiment, double chienne, voire ;
> Vraiment, ma douce amie, oui.

---

* Cet Arlequin avoit éminemment l'heureux talent de braire, avec une force & une vérité singulières. La confidence qu'il m'en avoit faite, ne contribua pas peu à me faire imaginer cette farce.

[163] 'Comme autrefois': a reference to the tradition that in the legendary period of the Golden Age animals could speak.

Air : *Quand le péril est agréable.*

J'ai maudit cent fois la Carogne,[164]
Qui m'a fait un vilain baudet :
Moi, qui fus si beau, si bien fait !
    Regarde la besogne.

Air : *Pour passer doucement la vie.*

De moi, que pouvois-tu pis faire ?
Conçois ma honte & mon dépit.
Depuis un an l'on m'entend braire :
Quelle voix pour un Bel-Esprit !

Me voilà, pour jamais, exclus de l'Académie ![165]

COLOMBINE.

Air : *Ma raison s'en va bon train.*

Pardonne-moi, cher Amant,
Ma bêtise d'un moment !
    Quand on te sangla,
    La peur me troubla :
Le cœur de Colombine,
A bien souffert dès ce temps-là.

L'ÂNE.

Pas tant que mon échine, lon la,
    Pas tant que mon échine.

Air : *Du Poulailler de Pontoise.*

Et jour & nuit je travaille,
Moi, qui suis né paresseux !
Le jour, une fois, ou deux,
Je mange, & quoi ? rien qui vaille :

---

[164] 'Carogne': an insult that can be used generally, but is frequently directed at women; it is a variant spelling of *charogne*.

[165] One of the best-known stories about Piron is that his election to the Académie Française in 1753 was vetoed by the king, who had been shown his obscene early poem the 'Ode à Priape'. Clearly this was very much in the future when Piron wrote this play, so this line would have been curiously prophetic had it been in the original text. However, although, like all his plays for the Fairs apart from *La Rose*, *L'Âne d'or* was first published only after Piron's death in the collected edition by Rigoley de Juvigny, the fact that some of the notes in this edition are written in the first person and take a retrospective view indicates that before his death Piron had at least some involvement in the preparation of these texts for publication, and it therefore seems likely that this throw-away remark was added at that stage.

Le joli ragoût, ma foi !
Des chardons & de la paille !
Le joli ragoût, ma foi !
Pour un gourmand tel que moi !

Air : *Tout le long de la rivière.*

La grande misère,
Mon plus grand chagrin,
Quand le chaud m'altère ;
C'est qu'au lieu de vin,
Je bois de l'eau de rivière,
Lere, lon lanla,
Je bois de l'eau de rivière :
Le beau ratafia !

Air : *Dupont, mon ami.*

Moi, qu'au cabaret
L'on nommoit Grégoire ![166]

COLOMBINE.

Laisse, mon Poulet,
Laisse ton histoire !

L'ÂNE.

Non, morbleu, je dirai tout :
Écoute-moi jusqu'au bout.

Air : *L'amour me fait, lon, lanla, l'amour me fait mourir.*

Sous cette peau nouvelle,
Plus que sous l'autre encor,
A l'aspect d'une Belle,
Mes feux prennent l'essor.
L'amour me fait, lonlanla, l'amour me fait mourir.

Air : *Que je veux de mal à ma Mère.*

Pour le beau Sexe je suis tendre,
Autant, & plus qu'auparavant.
Mais en vain, pour me faire entendre
Je me suis essayé souvent :

---

[166] Because of the easy rhyme with 'boire', Grégoire was a common name for a serious drinker in drinking songs.

Tel que je suis, comment,
Poliment,
Galamment,
Comment m'y prendre ?
Tel que je suis, comment
Trousser un compliment ?

Air : *Le grand Dieu Neptune est en colère.*

J'exprime alors ainsi mon martyre !
Ho, ho ! tourelouribo ! (*il brait.*)
Mais, j'ai beau dire, & redire,
Ho, ho, tourelouribo. (*il brait.*)
Qui diable pourroit traduire,
Ho, ho, ho, tourelouribo !

Colombine, *rit à se tenir les côtés.*

L'Âne, *tristement.*

Air : *La Ceinture.*

Vous riez, quelle cruauté !

Colombine.

A ton chant puis-je ne pas rire ?
Je lui dois ta fidélité.

L'Âne.

J'ai bien autre chose à te dire.

Air : *Vous m'entendez bien.*

Près d'une ânesse, débridé,
Dans un beau pré je fus guidé,
Et laissé par mon Maître....

Colombine, *d'un air inquiet.*

Eh bien ?

L'Ane.

Ce n'étoit pas pour paître,
Vous m'entendez bien.

COLOMBINE, *du ton de l'Opéra de Phaëton qu'on jouoit alors.*[167]

Air : *Ah ! Phaëton, est-il possible !*

Ah ! l'animal ! est-il possible,
  Qu'il ait été sensible,
  Pour un autre que moi ! (*à l'âne.*)
Petit volage, est-il possible,
Que vous m'eussiez manqué de foi ?

L'ANE.

Air : *Non, non, il n'est point de si joli nom que celui de ma Nannette !*

Non, non !
Je fus sage, comme un Caton :[168]
  J'eus du respect pour ma race.
Non, non ! l'on ne verra jamais ânon,
  Porter mes armes & mon nom.

Deux ânes dans la branche aînée des Arlequins ! Hélas ! ce n'est déjà que trop d'un, comme moi, pour son déshonneur.

COLOMBINE.

Prends-y garde : aujourd'hui, ni jamais, je n'entendrois raillerie là-dessus !

---

[167] *Phaëton*, by Jean-Baptiste Lully to a libretto by Philippe Quinault, was first performed in 1683, but became a repertoire piece which was revived regularly during the first decades of the eighteenth century. The original text is:

  Ah! Phaeton, est-il possible
    Que vous soyez sensible
    Pour une autre que moy?
  Ah! Phaeton est-il possible
  Que vous m'ayez manqué de foy?
    (*Phaëton* (Paris: Christophe Ballard, 1683), pp. 107–08)

A quotation as direct as this including most of the original text of an air that was not part of the usual repertoire of vaudevilles, and which came from an opera currently being performed, would normally be found only in a parody of that opera, so is unusual here. It seems likely that, in the context of a parody, such an air would be sung in a way intended to send up operatic singing, rather than in the more relaxed manner of the Fair performers, so it is quite possible that Piron also expected an exaggerated mock-tragic performance here too. (See the section in the introduction on the use of music.)

[168] Both Cato the Elder (234–149 BCE) and Cato the Younger (95–46 BCE) had reputations for high moral standards, which perhaps gives additional significance to the indefinite article here, but it was Cato the Younger, with his adherence to Stoic philosophy, who was most frequently cited as an example at this period.

Air : *du Cap de Bonne-Espérance.*

Je serois inexorable,
Pour cette infidélité,
Si je t'en savois coupable !

L'Ane.

Non, je ne l'ai pas été.

Colombine.

Quand je voudrai, je suis sûre
De te rendre ta figure.
Mais tu subirois le sort
D'un âne jusqu'à la mort.

L'Ane.

Air : *J'offre ici mon savoir faire.*

J'ai toujours été fidèle !

Colombine.

Jure encor que tu le seras.

L'Ane.

Des bons maris, jusqu'au trépas,
Je jure d'être le modèle.

Colombine.

Sois certain qu'au premier faux-pas,
Tout de nouveau je t'ensorcèle.

L'Ane.

Air : *Des fraises.*

J'ai trop durement vêcu,
   Pour que je te chicane :
Et je suis bien convaincu,
Qu'il vaut mieux être un Cocu,
Qu'un âne, qu'un âne, qu'un âne.[169]

---

[169] This passage on Arlequin's fidelity to Colombine owes nothing to the text by Apuleius, and could even represent an attempt by Piron to distance himself from two of its more lurid episodes. In book seven, as we have noted, Lucius is put in a field with a herd of mares with

COLOMBINE.

Retourne à l'écurie : je vais chercher ce qu'il faut pour te rendre ta première forme ; & je reprends mon anneau, crainte que tu n'ailles jaser mal-à-propos d'ici-là.

Air : *De M. Labbé.*

Et bientôt, tu changeras,
Si bien, de corps & d'organe ;
Qu'on ne s'appercevra pas,
Que jamais tu fus un âne.

(*L'âne, en s'en allant, se met à braire pour la dernière fois.*[170])

Je vais d'abord faire part de cette heureuse nouvelle à ma chère Maîtresse, & cueillir ensuite une rose au jardin.

Air : *Menuet d'Hésione.*

J'ai bien fait de lui faire apprendre
A porter de pesans fardeaux :
Par-là du moins je puis m'attendre,
Que le bonhomme aura bon dos.[171]

SCÈNE XII.

COLOMBINE, PIERROT.

PIERROT.

Air : *Vous partez, belle Princesse.*

Je vous cherchois, ma Princesse !

---

the intention that he will impregnate them to produce a supply of mules. He is prevented from accomplishing this not by any lack of inclination on his part, but because he is attacked by the jealous stallions. However, even though Lucius fails to have any equine sexual partners, unlike Arlequin, he could not claim to have remained chaste during his transformation, because in the tenth book a noblewoman falls in love with him, and pays his master to have a sexual encounter with him.

[170] Perhaps the indication that this is the last time the ass will bray is intended to refer specifically to this scene; it is certainly not the last time he brays in the play.

[171] Colombine is playing on the fact that, as well as its literal meaning, which refers to a pack animal that can carry heavy loads, 'avoir bon dos' is also used to describe someone who can afford to pay for things.

L'ÂNE D'OR

Colombine.

Mon Prince, il faut s'en aller :
Madame vient de m'appeler.
(*Elle s'en va.*)

Pierrot, *la poursuivant.*

Chère tigresse !
Je ne venois point vous parler
De ma tendresse.

SCÈNE XIII.
PIERROT.

L'âne aussi-bien n'y est plus, & cela ne se croit pas, qu'on ne le voie.

Air : *Un sot qui veut faire l'habile.*

On dit qu'un Philosophe habile,
Mourut de rire, en voyant un baudet
Manger d'un air humble & tranquille,
Très-proprement des fruits sur un buffet.[172]
Un Ane ivrogne, &, d'une adresse extrême,
Ici buvant à même,
Est bien plus bouffon :
En pouffer de rire, bon !
Mais, en crever, non.

---

[172] The story, which may well be apocryphal, relates to the Greek Stoic philosopher Chrysippus of Soli (*c.* 279–*c.* 206 BCE). According to Diogenes Laërtius, who gives the tale as an alternative to the less colourful explanation that Chrysippus died afflicted by dizziness after drinking wine, the philosopher died of laughter after seeing an ass eating figs and commenting that it should be given a drink of pure wine to wash the fruit down (see *Lives of Eminent Philosophers*, VII. 7. 185). If the story is true, it remains unclear whether the philosopher's death was caused by amusement at the spectacle of the ass eating the figs (and perhaps drinking the wine, if it was given to him) or by laughing at his own joke. As to what the joke actually was, it is possible that some of the humour of the remark derives from the similarity of the Greek terms for ass (ὄνος) and wine (οἶνος), but there is no clear pun in Diogenes Laërtius's Greek text, where the word for wine does not appear, but is replaced by ἄκρατον, the accusative form of ἄκρατος, an adjective meaning 'unmixed' or 'pure', which, as here, is often used alone to mean 'pure wine'.

SCÈNE XIV.

PIERROT, FRIPPE-SAUCE.

Frippe-sauce, *crie derrière le Théâtre.*

Air : *A boire ! à boire ! à boire !*

Arrête ! arrête ! arrête !
Double chienne de bête. (*En entrant.*)

Air : *Je reviendrai demain au soir.*

Mais c'est en vain que j'ai couru !

Pierrot.

A qui diable en as-tu ? (*bis.*)
Pourquoi te vois-je ainsi troublé !

Frippe-sauce.

Ouf ! je suis essouflé ! je suis tout essouflé !

Air : *Je ne suis pas si diable que je suis noir.*

Aussi, sur votre porte
Vous n'avez jamais l'œil.
Un gros chien nous emporte
Le cuisson de chevreuil...

Pierrot.

Dont on fit hier présent ! Que je dois servir à dîner ! Que dira notre Maître ?

Quand il saura la chose,
Je prévois sa fureur.
Le maudit âne est cause
De ce malheur.

Hélas ! c'est en courant avertir cette Fille, que j'ai, malheureusement, laissé tout ouvert ! Je suis perdu ! je suis enragé ! Je donnerois ma vie pour un denier.

Air : *Frère André disoit à Grégoire.*

On va m'accabler de reproche !
Le désespoir vient me saisir.
Frippe-sauce, fais-moi plaisir :
Décroche la broche, & m'embroche !
Perce, perce, perce-moi tripe & boyau !
Traite-moi comme un aloyau.[173]

---

[173] Rigoley: 'aloyau, | Frippe-sauce'.

L'ÂNE D'OR

Frippe-sauce.

Oh ! mais, Monsieur l'Écuyer ; c'est aussi se jeter au feu, & se donner au diable à trop bon marché.[174]

Air : *Tu croyois en aimant Colette.*

> Votre faute est trop peu de chose,
> Pour ainsi vous désespérer.
> L'âne, dites-vous, en est cause,
> C'est à l'âne à la réparer.

SCENE XV.

PIERROT, FRIPPE-SAUCE, L'ANE, *qui vient à pas de loup, & qui, entendant parler de lui, les écoute sans en être vu.*

Frippe-sauce *continue, & change d'air.*

Turelututu, dégaînons nos couteaux.[175]

Pierrot.

Ane que tu es toi-même, que veux-tu que l'âne fasse à cela ?

Frippe-sauce.

Air : *Une jeune Nonnette.*

> Lui coupant une cuisse,
> Rien n'est gâté.
> J'en ferai bien l'office,
> Sans vanité.

---

[174] This incident is based on events in Apuleius that straddle books eight and nine, in which a cook does indeed intend to cut a haunch from Lucius in order to replace a joint of venison stolen by a dog. This takes place while Lucius is still owned by the eunuch priests of the Syrian goddess, so before he has been bought by the two cooks, who are among the very small number of his owners who treat him well. Clearly it suits Piron's purpose to tighten his plot by conflating these characters and weaving the episodes involving them together. Pierrot's despair, which echoes the emotions of the cook in Apuleius, who threatens to hang himself and is dissuaded by his wife, is, on one level, a piece of comic exaggeration, but might well have had an extra piquancy for Piron's audience, who would have known about François Vatel (1631–1671), who famously committed suicide when the fish delivery was late for a banquet at the Château de Chantilly in honour of Louis XIV, for which he, as maître d'hôtel, was responsible. If Piron changes the suggested method of suicide from hanging, it could well be not only because it allows him to invent a death with culinary associations, but also because of its similarity to the death of Vatel, who killed himself by falling on his sword.

[175] This is clearly intended to be sung to the section of the tune identified by the *timbre* 'Turlututu, rengaine' that has the original words 'Turlututu rengaine, rengaine ton couteau', but Piron's line requires the repetition of its second word, as in that original text, if it is to fit the melody.

Puis vous en ferez un des plats
Des plus délicats :
Il est jeune & gras.
Ô gué lon la lanlere ! ô gué lon la.

PIERROT.

Air : *De Lonladerirette.*

Servir une cuisse d'ânon,
Pour un morceau de venaison !
Lonlanladerirette !
Tu n'as pas l'ombre de raison.

FRIPPE-SAUCE.

Eh, oui-da ! pourquoi non ?

Air : *Ami, sans regretter Paris.*

Dans les Guinguettes, bien ou mal,
Sans cesse on accommode,
Et l'on fait manger du cheval,
Pour du bœuf à la mode.

Air : *Un Chanoine de l'Auxerrois.*

Ces Coquins, dans l'art des ragoûts,
En sauroient-ils plus long que nous ?

PIERROT.

C'est parler comme un livre.[176]

FRIPPE-SAUCE.

Eh quoi, faut-il qu'un Marmiton
Vous fasse ainsi votre leçon,
Et vous apprenne à vivre ?
Çà piquons-nous d'un noble orgueil !
Allons changer l'âne en chevreuil.

PIERROT.

Et bon, bon, bon !
Le conseil est bon !
Parbleu, je le veux suivre.

---

[176] 'Parler comme un livre': here, to talk sense.

Air : *Tu as le pied dans le margouillis.*

Allons, sans perdre un moment,
Lui couper, lui couper, lui couper la cuisse,
Allons, sans perdre un moment,
Lui couper la cuisse proprement.

(*Appercevant l'âne qui fuit.*)

Tiens, ne voilà-t-il pas mon drôle qui venoit voir s'il n'y avoit rien à frire pour lui ?[177] Vas, vas, tu vas avoir ton compte ! Prenons le temps que Gloriolet assemble tout le monde, pour sa Pièce : personne ne nous verra.

Fin du premier Acte.

---

[177] 'S'il n'y avoit rien à frire pour lui': the idiom could mean that he had come to see if there was anything for him to eat, or, more metaphorically, if there was anything to his advantage. We note the use by Pierrot the cook of a culinary metaphor.

ACTE II.
SCÈNE PREMIÈRE.
Le Théâtre représente un appartement.
PIERROT, FRIPPE-SAUCE.

PIERROT.

Air : *M. le Prévôt des Marchands.*

Mais as-tu fureté par-tout ?

FRIPPE-SAUCE.

Cour & jardin.

PIERROT.

Je suis à bout !

FRIPPE-SAUCE.

Ma foi, j'en perds la tramontane ![178]

PIERROT.

Quoi ! bien partout ?

FRIPPE-SAUCE.

De tout côté.

PIERROT.

Qu'est devenu ce maudit âne ?
Le Diable l'a-t-il emporté ?

FRIPPE-SAUCE.

Air : *Quand le péril est agréable.*

On vient !

PIERROT.

C'est le Seigneur Octave !

---

[178] 'Perdre la tramontane': to be disorientated, or, more colloquially, 'I don't know whether I'm coming or going' — *tramontane* here refers to the North Star.

Sauvons-nous ! il aime le vin.
Suis-moi : peut-être le Coquin
Sera-t-il dans la cave !

SCÈNE II.

OCTAVE, ISABELLE, GLORIOLET.

GLORIOLET.

Air : *Adieu, Voisine.*

Mon Ballet[179] célèbre ce jour ;
C'est une belle estampe.[180]
Je l'ai fait cette nuit. L'Amour
Mettoit l'huile à ma lampe.[181]

OCTAVE.

Mais, ami, sur-tout qu'il soit court.
Ou je décampe.

GLORIOLET.

Air : *Je ne vous ai vu qu'un seul petit moment.*

Il ne durera qu'un seul petit moment ;
Et vous serez tout je ne sais comment,
Je ne sais comment, je ne sais comment
Je ne sais comment vous le dire.

(*à Isabelle.*)

Air : *De la Ceinture.*

L'Hymen offre à l'esprit des fers ;
Vous ne brûlez que d'un feu sage.

---

[179] Although at this period the term *ballet* implied, as it does now, a drama in dance, it did not exclude the use of spoken or sung text, as the modern conception of the form usually does, but often included dialogue explaining the action.
[180] Since an 'estampe' is specifically a print produced from an etching or a woodcut, the metaphorical use here to refer to a ballet does not really work, so is presumably intended to signal Gloriolet's pretentious ineptitude as a poet.
[181] The metaphorical implications of this phrase are clear, but since the work in question is to celebrate a marriage, Piron may also intend an allusion to the parable of the wise and foolish virgins, the wise ones being those who, having provided themselves with oil for their lamps, are able to meet the bridegroom and go with him to the wedding (see Matthew 25. 1–13).

(*à tous.*)

Embrâsés du feu de mes vers,
Vous allez aimer à la rage.

Air : *Pour la Baronne.*

Et Colombine ?

OCTAVE.

Cueille une rose en mon jardin.

GLORIOLET.

Viendra-t-elle ?

ISABELLE.

Oui, je m'imagine !

(*à part.*)

Ris bien ! ris bien ! pour toi sa main
Cueille une épine.

SCENE III.
DIVERTISSEMENT.

Le fond du Sallon s'ouvre, & représente un second Théâtre, dont le premier dès-lors n'est plus que l'Orchestre,[182] *où les trois Acteurs de la Scène précédente, s'asseyent comme spectateurs.*

SCÈNE PREMIÈRE

DU *DIVERTISSEMENT.*

L'HYMEN, *après une grave symphonie, qui annonçoit sa venue, chante :*

Air *majestueux, composé par M. VOISIN.*[183]

Venez Plaisirs, venez former ici les nœuds
D'une éternelle & douce chaîne :
Je vais, sous votre auspice heureux,
Unir Lysandre & Célimène.

---

[182] 'Orchestre' here refers to the seats in a theatre situated closest to the stage.
[183] Despite Voisin being a regular composer for Piron's Fair plays, nothing further seems to be known about him.

GLORIOLET.

Vous remarquerez bien, Monsieur, que Lysandre, c'est vous ; & que Célimène, c'est Madame.[184]

OCTAVE.

Madame & moi, nous avions l'esprit de nous en douter : mais qui est cette Femme-là qui chante ?

GLORIOLET.

Une Femme ! vous n'y pensez pas ! C'est un Dieu. Vous prenez son manteau de cérémonie pour une robe : c'est l'Hymen.[185]

OCTAVE.

Il a la voix bien claire, les dehors bien mesquins, bien plats : voilà un vilain Hymen.

GLORIOLET.

Le voilà comme la Mythologie, l'Ichonologie, & l'usage nous le représentent. Il a fallu m'y conformer. Poursuivez Hymen : ferme.

---

[184] This use of classical or pseudo-classical names for literary characters is, of course, characteristic of French neo-classical literature, and the assumption of such pseudonyms for real people was fashionable particularly with members of the *précieux* movement, who also used them to allude to those real people in literary compositions, and so fits with the satirical characterization of Gloriolet. It seems clear, as one might expect in this context, that Piron intended the associations that the chosen names would hold for the original audience to be comically inappropriate. The historical Lysander was a Spartan admiral, who seems to have no particular romantic associations. The name appears relatively infrequently in plays in the seventeenth and early eighteenth centuries. It is used for one of the main characters in Corneille's *La Galerie du Palais* of 1632, a faithful lover, which would be disappointingly appropriate here, but since that play had more or less disappeared from the repertoire, with no performances recorded at the Théâtre Français from its creation to the end of the eighteenth century, it would appear that the Lysandre with whom Piron's audience was most likely to be familiar was indeed an inappropriate model, the foppish ballet master in Molière's *Les Fâcheux* (1661), which received regular performances. The associations of Célimène would have been similarly inappropriate: it is inaccurate to claim, as is sometimes done, that the name was invented by Molière for *Le Misanthrope* (1666), as it is found, as the title tells us, in Rotrou's *La Célimène* (1636), but whilst Rotrou's character, who is thoroughly unpleasant for much of the action, would have suited Piron's purpose, that play too had fallen from the repertoire, so there is little doubt that Piron's audience would indeed have associated the name with Molière's coquettish character, whose true nature is revealed at the end of the play when letters are read out in which she insults all five of the suitors she has been stringing along during the course of the action. (The information on performance history is taken from the site 'Registres de la Comédie-Française' <https://ui.cfregisters.org/plays> [accessed 24 February 2021]).

[185] Hymen, the god of marriage, who is traditionally represented as a handsome youth.

L'Hymen.

Air, *composé par M. Voisin.*

Tendres cœurs, soumis à ma loi,
Chantez, célébrez tous ma gloire !
Le Dieu de Cythère,[186] sans moi,
Souvent n'auroit pas la victoire.

Chœur de jeunes mariés.

Du charmant Hymen aujourd'hui
Chantons, célébrons la victoire :
Le Dieu de Cythere, sans lui,
Souvent n'auroit pas la victoire.

L'Hymen.

Je vois à mon char attaché
Des Dieux le Monarque suprême :
Et, pour obtenir sa Psyché,
Cupidon m'implora lui-même.[187]

Le Chœur.

On voit à son char attaché,
Des Dieux le Monarque suprême ;
Et, pour obtenir sa Psyché,
Cupidon l'implora lui-même.

L'Hymen.

Venez, Plaisirs ; venez former ici les nœuds
D'une éternelle & douce chaîne :
Je vais, sous votre auspice heureux,
Unir Lysandre & Célimène.

---

[186] See note 41.
[187] The story of 'Cupid and Psyche' is by far the longest intercalated story in Apuleius's text, extending over three books (four to six), despite having no direct link with the rest of the plot. It is also a particularly famous section of the novel, which has been frequently retold and adapted independently of the rest of the work. Venus, angry at the fact that Psyche rivals her in beauty, gives Cupid the task of punishing her, but instead he falls in love with her, installing her in a magical palace where he visits her only at night in the dark, forbidding her to uncover his identity. Goaded by her jealous sisters, she disobeys, lighting a lamp to look at him while he is asleep, but a drop of hot oil from the lamp falls on him and wakes him. Immediately he abandons her, and she is left to wander the Earth searching for him. In the meantime, Venus punishes her by setting her a succession of apparently impossible tasks, which she accomplishes with help from various sources. Cupid forgives her and appeals to Jupiter, who grants her immortality so that the two can marry.

GLORIOLET.

Eh bien, Monsieur, est-ce là du grand ?

OCTAVE.

Du grand, tant que vous voudrez, Monsieur Gloriolet : mais, ne vous en déplaise, qui commence d'être aussi bien ennuyeux.[188]

GLORIOLET.

Songez donc au caractère du personnage : c'est l'Hymen. Patience ! ce qui suit sera moins sérieux.

SCENE II

DU DIVERTISSEMENT.

L'HYMEN, sa SUITE ; un SURVENANT.

LE SURVENANT.

Air : *Ce n'est point par effort qu'on aime.*

Seigneur, un petit personnage,
Veut, malgré tous, entrer céans ;
A votre porte il fait tapage,
Il insulte, & bat tous vos gens.

L'HYMEN.

C'est l'Amour :[189] donnez-lui passage.
Ouvrez vîte les deux battans.

Air : *Des fraises.*

Je l'oubliois, en effet ;
J'étois fou : comment diantre !
De ma classe il est préfet ;
Rien ici ne sera fait,
S'il n'entre, s'il n'entre, s'il n'entre.

---

[188] Clearly one of the reasons for Octave's complaint is that the chorus repeats more or less verbatim the words of the soloist, satire by Piron and Voisin of a well-established operatic habit.

[189] Although the name Cupidon is used in French, as in the previous scene, Amour is the more usual term for the god known as Cupid in English.

SCÈNE III
du Divertissement.
L'AMOUR, L'HYMEN & sa Suite.

L'Amour.

Air connu.[190]

Camarade,
Prends bien garde
De faire ici le Seigneur !
Je veux bien, entr'autres choses,
Que de la main tu disposes :
Mais ne touche pas au cœur.

L'Hymen.

Air : *Des Rats*.

Bientôt j'appréhende,
Que par ton moyen,
On ne me défende,
De toucher à rien !

L'Amour.

Eh bien, partageons en bons frères :
Touche la dot & les écus !
Mais pour le surplus,
Crois que tu n'y toucheras guères !
Mais pour le surplus,
Tu n'y toucheras presque plus !

Octave.

Mais, Monsieur le Poëte, vous m'annoncez-là de jolies choses, par la bouche de l'Amour.

Gloriolet.

Voilà les Parterres ; interrompant toujours : Paix là ! paix ! On en est à la péripétie. Hymen, à vous. Courage !

---

[190] See the section in the introduction on the use of music. Piron also uses this air in scene 19 of his *opéra-comique La Rose*, where it is identified by the *timbre* 'Camarade, prends bien garde' and is used for a text that has the same first three lines as here, but I have not identified any examples of its being used elsewhere.

L'HYMEN.

Air : *On n'aime point dans nos forêts.*

Pour un époux de la Raison*,[191]
C'est n'être guère raisonnable.

L'AMOUR.

Qui moi, l'époux de ce dragon !
Ce Vaudeville est une fable.
Le vrai, c'est que dans mes États,
Elle engendre bien des débats.

L'HYMEN.

Air : *Pour passer doucement la vie.*

Ajustons-nous à l'avantage
Et de tes États, & des miens.
Des miens chasse le cocuage ;
La raison sortira des tiens.

Air : *Quand le péril est agréable.*

Je l'épouserai, Camarade,
Elle est grave, & moi sérieux :
Ensemble nous irons des mieux.

L'AMOUR.

Ah ! la belle accolade !

Air : *Ah ! que la paresseuse Automne.*

Ton offre me plaît & m'oblige :

---

* On jouoit, dans ce temps-là, avec un succès étonnant, une Comédie de l'Abbé Pélegrin, aux François, intitulée : *Le Nouveau Monde*, ou *Mariage de l'Amour avec la Raison*.

[191] *Le Nouveau Monde*, by the Abbé Simon-Joseph Pellegrin (1663–1745), was first performed in 1722 and had further performances in the 1723–24 season. It does indeed depict the marriage of L'Amour and La Raison, but I can find no evidence of its having had this subtitle, which was no doubt suggested to Piron by its sequel, *Le Divorce de l'Amour et de la Raison, suite du Nouveau Monde*, first performed in 1723. The reference to the play by L'Amour as 'Ce Vaudeville' is deliberate disparagement on Piron's part: both of Pélegrin's plays had a significant amount of original music, but they were both comedies, as is indicated in this note, and not *opéras-comiques*, as is suggested by the term 'vaudeville', which is being used here not in its original sense, but as an abbreviation of *comédie en vaudevilles*. This means that, in reality, they belonged to a more respected genre than *L'Âne d'or*. (On the term 'vaudeville', see the section on Piron's use of music in the introduction.)

Faisons tous deux ce beau coup-là
Ce sera le plus grand prodige
Que jamais au monde on verra.

SCÈNE IV

DU DIVERTISSEMENT.

L'HYMEN, L'AMOUR, LE COCUAGE, *se présentant tout-à-coup, & sortant de dessous la trape, un bois de cerf à la main, qui lui sert de sceptre.*[192]

L'Hymen.

Que vois-je ! ici le Cocuage !
Par où l'insolent jusqu'à nous
A-t-il pu se faire un passage ?

Le Cocuage.

Oh ! j'ai tous les passe-par-tous.

Octave.

Mais, Monsieur, êtes-vous fou, d'amener dès aujourd'hui ce Personnage-là sous mes yeux ?

Gloriolet.

Oh ! que les Auteurs ont à souffrir ! Patience ! patience ! vous dis-je. (*à l'Acteur.*) Marchez, Cocuage !

Le Cocuage.

Air : *Prêtez-moi, jeunette Bergère.*

Je suis un bon Compère :
Laquais & Financier ;
Magistrat, Militaire,
Abbé, Palefrenier ;

(*se tournant vers Isabelle.*)

Prête-moi, jeunette Bergère,
Prête-moi ton panier.[193]

---

[192] Tradition has it that cuckolds grow horns.
[193] Since 'panier' can be used to refer to the female sex organ, there is obviously a potential obscene double meaning here, particularly given the identity of the character who speaks the line.

OCTAVE, *se levant en fureur, & pourtant à part.*

Il me prend envie de jeter les Acteurs & l'Auteur par les fenêtres.

GLORIOLET, *le faisant rasseoir.*

Vous auriez raison, si l'Hymen ne disoit pas ce qui suit. (*à l'Acteur.*) Allons donc, Hymen, vîte ! sur l'air de flon, flon.

L'HYMEN.

Ah ! quelle injure atroce !
Que venez-vous, Frippon,
Un premier jour de noce,
Faire en cette maison ?

OCTAVE.

J'en dis autant.

LE COCUAGE.

Flon, flon, la rira dondaine ; flon, flon, larira dondon.

OCTAVE.

Mais, cela prend beau train : cela durera-t-il ?

GLORIOLET.

Nenni, nenni ! l'Amour va bien le faire taire.

L'AMOUR.

Air : *Je ne suis né ni Roi ni Prince.*

Pour le lendemain, passe encore !
Mais le jour même !

LE COCUAGE.

Ah ! la pécore !
L'Hymen & moi, sommes connus.
Quelle ignorance est donc la vôtre ?
Tous deux, nous ne nous quittons plus ;
Et toujours qui voit l'un, voit l'autre.

L'AMOUR.

Air : *La jeune Isabelle.*

Oh bien, je vous prie
De sortir d'ici.

Désormais je lie
Avec ce Dieu-ci.
Notre paix est faite.

LE COCUAGE.

L'accord est nouveau :

L'AMOUR.

Et votre retraite
En sera le sceau.

LE COCUAGE.

Air : *De quoi vous plaignez-vous ?*

A qui crois-tu parler,
Pour m'oser parler en maître ?
A qui crois-tu parler,
Pour oser m'exiler ?

L'AMOUR.

Quoi ! peux-tu me méconnoître ?
Quoi ! n'es-tu pas mon vassal ?
Et ne dois-tu pas l'être ?

LE COCUAGE.

Le plaisant animal !

L'AMOUR.

Air : *Lanturelu.*

Ah ! quelle impudence !

LE COCUAGE.

Je me ris de toi.

L'AMOUR.

Quoi ! sans ma puissance,
Sans mes feux, sans moi,
Sans mon assistance,
Tu pourrois faire un cocu ?

L'ÂNE D'OR

Le Cocuage.

Lanturelu, lanturelu, lanturelu ![194]

Air : *Je reviendrai demain au soir.*

Oh ! ce n'est plus comme autrefois !
  Ami, dans mes exploits *bis*.
Tu n'es à présent, pour ta part,
  Que pour un demi-quart. *bis*.

Air : *Vous y perdez vos pas, Nicolas.*

Quand une femme quitte
Un mari sans froideur,
Jeune, & plein de mérite,
Pour un vieil agioteur,
De grâce, est-ce à toi, di,
  Mon ami,
Que j'en dois le grand-merci ?

Air : *Comme un Coucou que l'Amour presse.*

Plutus[195] a dérobé tes charmes :
La fameuse rue Quincampois,[196]
En un an m'a plus fourni d'armes,
Qu'en mille n'eût fait ton carquois.

Air : *Dondaine, dondaine.*

On court au plus pécunieux,[197] *bis*.
Et non pas au plus amoureux.

L'Amour.

Le traître ! le traître !
Voyons qui de nous deux
Sera le maître.

---

[194] See note 85.
[195] The god of wealth.
[196] The collapse in 1720 of the Mississippi Company set up by John Law, whose bank was situated on the Rue Quincampoix, caused a financial and social upheaval which made economic considerations much more important in decisions about marriage and, as Piron suggests here, extra-marital activities. See note 42.
[197] 'Pécunieux': rich.

GRAND AIR, *avec des Accompagnemens, composé par* M. VOISIN.

Volez, volez, Amours, à tire d'aile ![198]
Venez, accourez tous, pour venger votre Roi !
Fondez sur un rebelle,
Qui s'ose attaquer à moi !
Volez, volez, Amours, volez à tire-d'aile !

(*L'Orchestre annonce la descente des Amours.*)

GLORIOLET, *à Octave & à Isabelle.*

Voici un joli coup de théâtre : cela sera gracieux & galant. Regardez bien.

SCÈNE IV.

LES ACTEURS *de la Scène précédente, &* l'ANE *dans la Machine, partie au coup de sifflet.*[199] *Le petit Garçon qui représentoit l'Amour, s'enfuit.*

OCTAVE.

L'Amour qui s'enfuit, l'Hymen & le Cocuage qui restent en scène avec un âne ! Monsieur Gloriolet, vous me ferez passer cela pour du gracieux & du galant ?

GLORIOLET, *transporté de fureur, & s'arrachant les cheveux.*

Ah, le chien ! Holà, Décorateur !

LE DÉCORATEUR, *arrivant tout éperdu.*

Arrachons-nous, vous, les cheveux, & moi la barbe, tant que nous voudrons ; ma foi, Messieurs, vous me voyez aussi stupéfait, & plus fâché que vous.

---

[198] As distinct from Amour/Cupidon himself, these plural 'Amours' are the winged children who resemble him and are characteristic of Renaissance and baroque art. In English we might call them either cupids or, in religious art, cherubs, or use the Italian term *putti*. The adverbial phrase 'à tire-d'aile', although it later came to mean 'quickly' independently of any reference to birds, was still at this time used only in its original sense of flying quickly or powerfully, so can be used of the Amours only because they are winged.

[199] The piece of stage machinery referred to here is perhaps the most familiar of all the equipment used for stage effects at the time, the platform on which the deus ex machina descended from the flies. Hence, in replacing the group of Amours with an ass, Piron is sending up that most hackneyed and artificial of endings. Perhaps surprisingly, given that the noise it made would presumably have been audible to the audience, the person in charge of the stage machinery, the *machiniste*, traditionally used a whistle to give instructions to the rest of the team of stagehands, hence the reference here to the whistle being blown. In the original novel, Lucius makes his escape from the cook by disrupting not a theatrical performance, but a banquet.

Gloriolet.

Plus fâché que moi ! Comment, malheureux ! un âne, à la place d'une troupe d'Amours ?

Le Décorateur.

Que puis-je vous dire ? Je tenois trois ou quatre petits drôles, tout prêts à placer dans cette machine, quand ce maudit âne, au grand galop, poursuivi d'un Cuisinier, le tranche-lard[200] à la main, s'est venu jeter dans notre machine, qui a parti sur le champ ; & vous me voyez aussi surpris, & aussi sot que vous.

Gloriolet.

Ah ! le joli dénouement de perdu ! Le Cocuage étoit chassé par les Amours, qui restoient avec l'Hymen ; & l'allégorie finissoit par le mariage de l'Hymen avec la Raison ; présage heureux de vos amours & de votre union.

Air : *De M. Labbé.*

> Si cet Ane n'eût gâté
> Ma petite Comédie,
> Elle vous eût enchanté,
> Elle vous eût enchanté,
> Vous l'eussiez applaudie.

L'Ane *se mettant à braire.*

Han, hin, hon ! hin, han, hon !

Octave.

Même air.[201]

> A ce cri, je vous en crois :
> Oui, Monsieur, je vous l'avoue,
> N'a pas qui veut cette voix.

(*Flattant l'âne.*)

> Reprends ton chant, je le loue.

---

[200] 'Tranchelard': a large knife with a narrow blade used for cutting bacon, but clearly suitable for any type of meat.
[201] The indication that this couplet is set to the same tune as the previous one is odd, given the discrepancy in the number of lines, but the fact that this second couplet is metrically identical to those in act I, scene 11 and in the two scenes following this one that are apparently set to the same tune, suggests that the identification of the tune is correct, and that either the repeated line in the previous couplet is an error, or a repetition of the musical phrase was required to accommodate it.

L'Ane, *plus fort que jamais.*

Han, hin, hon ! hin, han, hon !

SCÈNE V.
LES ACTEURS *de la Scène précédente*, LE CUISINIER.

Le Cuisinier veut tuer l'Ane, qui s'enfuit entre les deux jambes de Gloriolet.

Octave.

Air : *Passant par la cuisine.*

Que t'a donc fait, Pierrot,
Cette Bête effrayée,
Qu'on nous a de là-haut,
Tout-à-l'heure envoyée ?

Pierrot.

Monsieur, j'avois raison ;
C'est un frippon, c'est un glouton :
Le drôle
Boit, mange tout,
Fouille par-tout ;
Je n'ai rien qu'il ne vole.

Gloriolet.

Il parle d'un âne, comme d'un chat.

Octave.

Air : *Robin turelurelure.*

Que me dis-tu là, Pierrot ?

Pierrot.

La vérité toute pure.
Il boit le vin dans le pot.

Gloriolet.

Turelure.[202]

---

[202] Rigoley: 'Turelure, | Pierrot'.

L'ÂNE D'OR

PIERROT.

Tout comme une créature.[203]

GLORIOLET.

Robin turelurelure.

OCTAVE.

Air connu.[204]

Qu'on apporte bouteille !
Je veux faire l'essai
D'une si plaisante merveille.

(*On va la chercher.*)

PIERROT.

Vous verrez que je vous dis vrai.

OCTAVE.

Je serois bien fâché que tu l'eusses tué pour cela.

PIERROT.

Je n'aurois fait qu'en rire, sans la perte de votre cuisson de chevreuil qu'il m'a emporté.

Air : *Ho, ho, tourelouribo.*

Ce dernier coup là qu'il vient de faire...

L'ANE, *secouant très-fort les oreilles.*

OCTAVE.

Ho, ho, tourelouribo !

PIERROT.

M'a mis en telle colère...

---

[203] At this time the word 'créature' was generally used to refer only to people, so the line means specifically that he is drinking like a human.
[204] See the section in the introduction on the use of music. The intended air here is usually identified by the *timbre* 'Qu'on apporte bouteille', and is a frequently used and familiar vaudeville tune, so Piron's use of the phrase 'air connu' rather than the *timbre* here could just be to avoid stating the glaringly obvious, although authors were not usually averse to putting at the head of a *couplet* a *timbre* that was subsequently repeated verbatim in the text.

OCTAVE.

Ho, ho, tourelouribo !

PIERROT.

Que je voulois m'en défaire.

OCTAVE.

Ho, ho, ho, tourelouribo !

A ces cris, & au mouvement de ses oreilles, il me semble que le pauvre animal ne convient pas du fait.

PIERROT *prenant la bouteille qu'on apporte, & la présentant à l'âne.*

Air : *de M. LABBÉ.*

(*à Octave.*)

Connoissez la vérité.

(*à l'Ane.*)

Prenez cela, je vous prie ;
Et buvez à la santé
De toute la Compagnie.

L'ANE *prend la bouteille, & brait :* Hin, han, hon, &c. *Ensuite il boit à même.*

PIERROT, *pendant qu'il boit.*

Air : *Mirlababibobette.*

A boire il n'est pas apprenti :
Mirlababibobette, ai-je menti ?
Mirlababibobi, serrelababibobo, mirlabababinette,
Serrelabababobina,
On me croira.

ISABELLE.

On va voir des gens bien autrement étonnés, quand Colombine viendra.

OCTAVE.

Air : *Je passe la nuit & le jour.*

Cet âne est d'une rareté
De plus grand prix que l'on ne pense.
Dis-moi : combien t'a-t-il couté ?

PIERROT.

Vous le verrez sur ma dépense ;
Fort peu de chose.

OCTAVE.

Mais encor ?

PIERROT.

Plus qu'il ne vaut ; deux pièces d'or.
Deux pièces d'or.

OCTAVE.

Deux pièces d'or ?

PIERROT.[205]

Oui, vous dis-je, deux pièces d'or.

L'ANE *couche une oreille à plat, & dresse extraordinairement l'autre.*

ISABELLE.

Air : *Quel plaisir de voir Claudine.*

Ah ! je l'entends à merveille !
Pour le coup, il dit que non.
Et cette indiscrette oreille
Te dénonce un peu frippon.

Air : *Hélas ! c'est bien sa faute.*

L'âne pourroit un jour parler :
Crois-moi ; songe à ne rien celer.

PIERROT.

Je confesse ma faute !

(*à part.*)

Maudit âne ! il t'en va couter
Dès ce soir une côte, lonla ;
Dès ce soir une côte !

---

[205] Rigoley: 'd'or ? | PERROT. | Oui'.

OCTAVE.

Vas, vas, je te pardonne, en faveur d'un si bon achat.

Air : *Joconde.*

J'ordonne, pour tout châtiment,
    Qu'à la cuisine il vive :
Qu'au marché très-exactement,
    Tous les jours il te suive :
Qu'au retour, il ait à son gré,
    De quoi manger & boire.
Il y sera, quand je lirai
    Désormais ton Mémoire.[206]

GLORIOLET.

Air : *Amis, sans regretter Paris.*

Que de ces Coquins gros & gras,
    On mettroit à la porte,
Si l'on avoit mis sur leurs pas
    Un Ane de la sorte !

SCENE VI & *dernière.*

LES ACTEURS *de la Scène précédente*, COLOMBINE.

COLOMBINE, *tenant une belle rose à la main.*

Air : *Blaise revenant des champs, tout dandinant.*

Messieurs, d'où vient que voilà
Cet Ane là, cet Ane là ?
    Est-ce qu'à ma place il a
        Voulu de Madame
        Voir l'Épithalame ?

GLORIOLET.

La belle Colombine aime à badiner : mon Dieu, non ! l'Ane, & moi, n'avions pas envie de rire, quand il est venu ici.

---

[206] Whilst Pierrot's cruelty in wishing to cut a joint of meat from Arlequin echoes the behaviour of the cook Lucius encounters in the eighth book of Apuleius's novel, Octave's amusement and kindness when he sees him eating and drinking like a human harks back to the behaviour of the two cooks who buy Lucius in book ten. As above, 'Mémoire' is used here in the sense of 'financial records'.

L'ÂNE D'OR

Suite de l'air.

C'étoit pour se dégager
D'un grand danger ! d'un grand danger !
Pierrot vouloit l'égorger.

COLOMBINE, *en fureur, sautant à la gorge de Pierrot.*

Comment, traître, tu voulois l'égorger ?

GLORIOLET, *à Pierrot.*

Tu voulois, perfide,
Être un fratricide ![207]

ISABELLE.

Air : *J'en ferai la folie.*

Colombine, ce jour même
Où l'on me marie,
Prends celui que ton cœur aime ;
C'est moi qui t'en prie :
Choisis tout-à-l'heure un mari.

COLOMBINE, *gaiement.*

Landerirette ! landeriri !
J'en ferai la folie aussi, j'en ferai la folie.

Même air.

Celui dont mon cœur approuve
L'amoureuse envie,
Justement ici se trouve ;
Et quoiqu'on en rie,
Qu'on en dise ce qu'on voudra,
Je veux, j'aurai ce garçon-là.

PIERROT, *prenant cela pour lui.*

C'n'est pas une folie, ma Mie, c'n'est pas une folie.

Air : *Nanon dormoit.*

Vous me causez

---

[207] The implication is that, metaphorically speaking, Pierrot too is an ass — there is certainly no suggestion in the play that Arlequin and Pierrot actually are brothers and, in any case, Gloriolet is not even aware at this stage that the ass/Arlequin is really human.

Un transport de tendresse ;
Vous m'arrosez
D'un coulis d'alégresse ;
Petit pot à cornichons,
Allons, allons, te donner un couvercle, allons ![208]

COLOMBINE.

Air : *Je reviendrai demain au soir*.

Patience ! que savez-vous ?
    Monsieur Pierrot, tout doux. *bis*.
Vous n'êtes pas mon seul galant,
    J'ai plus d'un postulant. *bis*.

GLORIOLET, *prenant le change à son tour*.

Air : *M. le Prévôt des Marchands*.

(*à part*.)

C'est à moi qu'elle en veut ! parbleu,
Elle avoit bien caché son jeu.
Ma main n'étoit pas pour la sienne ;
Mais, n'importe, elle me chérit ;
Elle est belle, & vaut une Reine,
Dès qu'elle aime le bel-esprit.

COLOMBINE, *levant la rose entre deux*.

Air : *On n'aime point dans nos forêts*.

Voici la pomme d'or qui va
Terminer toute concurrence :[209]
Je suis à celui qui l'aura ;
Et je veux que tous deux d'avance,
Vous consentiez à son bonheur.

---

[208] The use of culinary terms by the cook to express his love is obviously another comic example of *déformation professionnelle*, but there are also clear sexual innuendos in, first of all, the image of Colombine as a *pot à cornichons*, and then the fact that Pierrot wishes to provide it with a lid.

[209] A reference to the legend of the judgment of Paris, in which, instead of a woman choosing between three men, as here, Paris has to choose which of three goddesses — Juno, Minerva, and Venus — is the most beautiful, and to give the prize of a golden apple to whichever he chooses. His choice of Venus, who has bribed him by offering him the most beautiful woman in the world, Helen the wife of Menelaus, brings about the Trojan War.

L'Âne d'or

TOUS DEUX ENSEMBLE.

De tout mon cœur ! de tout mon cœur !

COLOMBINE.

Air : *de M. Labbé.*

Vous allez savoir enfin,
Le choix que je me propose.

(*Allant à l'âne, & lui mettant la rose dans la bouche.*)

Reçois, mon cher Arlequin,
Ma main, mon cœur, & la rose.[210]

ARLEQUIN, *se levant en pied, & poursuivant Gloriolet à coups de batte.*[211]

Han, hin, han, hon ; hin, han hon, &c.

Air : *Flon, flon, larira dondaine.*

Et toi, dont la malice
Vouloit, maître Frippon,
Servir ici ma cuisse
Pour de la vénaison ;
Flon, flon, larira dondaine ;
Flon, flon, larira dondon.

OCTAVE.

Qui ne tomberoit des nues ? Comment, Madame ! & vous ne paroissez pas seulement surprise ! Que veut dire ceci ?

---

[210] As we have already noted (see note 142), in the novel, far from discovering that roses are the antidote to his transformation only at the end of the narrative, Lucius is aware of this from the outset but has been unable to get any, and Fotis, the lover who, like Colombine, was present at his transformation, rather than remaining faithful to him and providing him with the antidote, has disappeared from the story immediately after that transformation. In the eleventh and last book of the novel, Lucius sees a vision of the goddess Isis in a dream, and she tells him that, in a procession in her honour the following day, the High Priest will carry a garland of roses, and that he should boldly approach the priest, whom she has instructed to offer them to him. Lucius follows her instructions, eats the roses, and is transformed back into a man. He then devotes his life to the service of the goddess.

[211] The 'batte' is Arlequin's slapstick, the weapon that gave its name to the genre of physical and often violent comedy. It consisted of two pieces of wood joined together in such a way that it made a satisfyingly loud noise when someone was struck with it, without inflicting significant pain on the actor on the receiving end. Slapsticks were used by all the more farcical characters in *commedia dell'arte*, but the weapon was perhaps most associated with Arlecchino/Arlequin.

Isabelle.

Colombine m'a mise au fait ; qu'elle vous y mette.

Colombine.

Air : *Talaleri, talaleri, &c.*

Dans une Ville de l'Épire,
En Thessalie, un beau matin…
Cela seroit trop long à dire :
Remettons l'histoire à demain :
Commençons par danser & rire.
Talaleri, talaleri, talalerire !

FIN.

APPENDIX

Le Clapperman de Ternate

The first recorded appearance of what is clearly Piron's source text, *Le Clapperman de Ternate*, is in *La Bagatelle*.[212] This twice-weekly periodical publication produced from 1718 to 1719 by Justus van Effen (1684–1735), a Dutch writer writing mainly in French, consisted of articles on amusing and interesting topics. In 1719, the issues were collected into a three-volume edition,[213] and it is from this collection, where it appears in the first volume, pp. 89–96, that the text below is taken. The tale and van Effen's commentary on it take up the whole of the issue for Monday 13 June 1718; he makes clear that he is not the author of the tale itself both by the use of quotation marks and a disclaimer in his own commentary, but he does not reveal who did write it.

The text, without van Effen's commentary, then reappears in *Le Passe-tems agréable*, a collection of anecdotes including, in its own words, 'bons-mots, pensées ingénieuses, rencontres plaisantes, gasconnades, &c.', which went through a good number of quite different editions between 1709 and 1769. Most of these are anonymous, but the one designated the fourth (1724),[214] in which *Le Clapperman de Ternate* appears, says on its title page that it is 'corrigé et augmenté considérablement […] par Mr. C. D. S. P.', and that it contains 'des réflexions par Mr. J. D. R.'. The authorship of these volumes is not entirely clear, however the latter is Jean de Rochefort, who seems to have begun the series, but died as early as 1714,[215] and the former is Pierre Cartier de Saint Philip (1690-1766), who was resident in Amsterdam, and apparently took it over. *Le Clapperman de Ternate* appears in the first volume of this fourth edition, pp. 152-56, and is more or less identical to the text in *La Bagatelle*; although there are frequent differences in spelling and punctuation, there are only three minor variants of substance, which are noted in footnotes below, and consist of the omission of the title of the Clapperman's song, the omission of the word 'Mr.' in the phrase '[le] Savant Docteur Mr. *Venette*', and a variant of the final phrase that incorporates the

---

[212] The webpage 'Klappen voor de huwelijksplicht' on the website of the pseudonymous Merry Hermit (Vrolijke Kluizenaar), Democritus minor, is a useful source on this text: <https://www.democritus.be/444289612> [accessed 30 August 2022].
[213] *La Bagatelle; ou, Discours ironiques*, 3 vols (Amsterdam: Michel Charles Le Cène, 1719).
[214] *Le Passe-tems agréable; ou, Nouveau Choix de bons-mots, pensées ingénieuses, rencontres plaisantes, gasconnades, &c.*, 4th edn, 2 vols (Rotterdam: Jean Hofhout, 1724).
[215] He was born *c.* 1689 in Rotterdam, where he also died, so the Dutch connection is clear here too.

footnote into the text. This text in *Le Passe-tems agréable* preserves the quotation marks, indicating that it is a borrowing and not the work of the authors of the collection, but, as in *La Bagatelle*, there is no indication of who it is by.

Its author was subsequently identified by the appearance of the text in 1728 in the *Œuvres diverses* of Pierre de Julien-Scopon.[216] A French Huguenot, he fled to the Netherlands, where he settled, sometime after 1685. This version of the text, which again lacks van Effen's commentary, has a number of minor differences from the two other virtually identical versions, mainly additions and changes of vocabulary and, since the publication date of this volume is too late for it to have been the version used by Piron for his 1724 play, in order not to overcomplicate the apparatus, I have not noted its variant readings below except where they relate to one of the discrepancies between the other two texts. One interesting difference, though, is that it adopts the more Dutch spelling 'Klapperman' for its central figure, and clearly takes it for granted that the reader will know what a Klapperman is, for there is no equivalent of the explanatory footnote that we find in the earlier publications.

The fact that the versions of the text from *La Bagatelle* and *Le Passe-tems agréable* are so nearly identical, could lead to the assumption that the second was copied directly from the first, but the detail that the omission of 'Mr.' is also found in the version in Julien-Scopon's *Œuvres diverses* and, much more tellingly, that the revised final sentence in *Le Passe-tems agréable* is similar but not identical to the final sentence of that version, which also differs significantly from that in *La Bagatelle*, does suggest a more complex relationship. It seems plausible that van Effen, Cartier de Saint Philip, and Julien-Scopon, who were all based in Holland and wrote in French, were well enough acquainted to have shared various versions of the text.

---

[216] *Œuvres diverses de Mr. de Julien Scopon* (The Hague: Charles Le Vier, 1728), pp. 77–82.

LA BAGATELLE
Du LUNDI 13. Juin 1718.

Le CLAPPERMAN*[217]
de Ternate.[218]

„ Le Magistrat de *Ternate*, Capitale des Moluques, ne dédaigne pas de prendre
„ soin de la Propagation. Pour parvenir à ce grand but, il a établi un *Clapperman*,
„ qui tous les matins, dès 5. heures, se promene dans la Ville, avec des Instrumens
„ de grand bruit, comme Tambours,[219] Crescercles....[220] pour réveiller les Maris, & les
„ exhorter.....[221] Voici la Chanson de ce *Clapperman*, fidellement traduite de l'*Indien*.

Chanson du *Clapperman* de *Ternate*.[222]

Messieurs les Maris, courage,
Réveillez-vous, & pensez
Aux devoirs du Mariage :
C'est assez dormir, assez.
Donnez des Citoyens à la chere Patrie :
Le Magistrat vous en prie.
(§ § §)

* En Hollande, on appelle *Clappermans*, certains Hommes qui veillent la nuit pour la sureté publique, & qui annoncent quelle heure il est, en criant de toute leur force.

---

[217] This same note appears in *Le Passe-tems agréable* (p. 152), but is absent from the *Œuvres diverses* of Julien-Scopon.

[218] Unlike Piron's play, the tale is set in Ternate in the Indonesian Maluku Islands, not in Holland. The Dutch presence in the islands, including the influence of the Dutch East India Company, explains the interest of the setting for writers living in Holland, but the use of the characteristic Dutch word for a nightwatchman by writers writing in French and telling a tale that does not take place in Holland may perhaps be judged unusual.

[219] The fact that drums are mentioned before rattles both suggests that the etymology of the Dutch term for the functionary, which literally means a man with a rattle, has been so weakened that the original sense has been at least partly overtaken by the more general meaning of 'nightwatchman', and explains why Piron gives his character a drum not a rattle.

[220] In modern French, *crécelle*; contemporary dictionaries give various spellings: *crecerelle* (Furetière 1690, 1702, 1708; Académie 1694, 1718), *cresserelle* (Furetière 1690, 1702, 1708), and *cresselle* (Richelet 1680; Furetière 1690, 1702, 1708). The nearest we get to the modern spelling is a note in the *Dictionnaire de l'Académie* for 1718 reading 'Plusieurs disent *crecelle*'; the version found here is not listed in any of them.

[221] We may note the rather prudish failure to complete the sentence, even though the sense is obvious.

[222] This title is omitted in *Le Passe-tems agréable*, but is present in the *Œuvres diverses* of Julien-Scopon (p. 78).

> *A ces Affaires secretes*
> *Vous êtes invitez tous :*
> *Vos Femmes sont déja prêtes,*
> *Et n'attendent qu'après vous.*
> *Donnez des Citoyens à la chere Patrie :*
> *Le Magistrat vous en prie.*
> (§ § §)   (§ § §)
>
> *Il est cinq heures, l'Aurore*
> *Déja peut s'appercevoir :*
> *Pourtant vous dormez encore ;*
> *Certes il vous fait beau voir.*
> *Donnez des Citoyens à la chere Patrie :*
> *Le Magistrat vous en prie.*
> (§ § §)   (§ § §)   (§ § §)

„ Voila quelle est la Chanson de ce *Clapperman*. On auroit pû sans doute
„ l'étendre, & lui donner quelques agrémens ; mais c'eût été une Paraphrase
„ inutile, & on se seroit écarté de l'aimable Naturel. On sait assez que les
„ *Clappermans* ne se piquent point de tant d'Esprit : Ils disent simplement ce qu'ils
„ ont à dire, ils annoncent l'heure qu'il est, & rien de plus.

„ Qui ne diroit que le Magistrat de *Ternate* a lû le *Tableau de l'Amour consideré*
„ *dans l'état du Mariage*, du Savant Docteur Mr.[223] *Venette*,[224] qui prouve par des
„ raisons très-Phisiques, que le tems du matin est le plus propre....

„ La bonté de ce Magistrat de *Ternate* est au reste bien admirable : Son
„ caractère est bien éloigné de celui de la plûpart des Magistrats de l'EUROPE, qui
„ croiroient se faire un grand tort, s'ils parloient avec douceur à ceux qu'ils
„ gouvernent. Sottise, Rusticité ; *Voulons & Nous Plaît*, c'est leur Langage
„ ordinaire : Langage dont *Pibrac*[225] a bien senti toute la dureté & la conséquence,
„ par ce Quatrain.

---

[223] 'Mr.' is omitted in *Le Passe-tems agréable* and in the *Œuvres diverses* of Julien-Scopon.
[224] This work by Nicolas Venette (1633–1698) was first published anonymously in 1687 with the false imprint 'A Parme: Chez Franc d'Amour', and with this precise title. An edition that appeared in 1696 bears the revised title *De la generation de l'homme, ou tableau de l'amour conjugal* (Cologne: Claude Joy), and this new title, with or without the additional phrase 'consideré dans l'état du mariage', is what is more usually found in the numerous subsequent editions. The new title perhaps gives a clearer picture than the original of what is indicated prudishly by the ellipsis at the end of the sentence, but, even with the original title, the meaning is presumably never in doubt.
[225] Guy Du Faur, Seigneur de Pibrac (1529–1584), who, as a poet, was particularly known for his quatrains. The quatrain quoted (entirely accurately) here is number 93 of *Les Quatrains du seigneur de Pybrac, conseiller du Roy en son conseil privé*.

APPENDIX   141

Je hai ces Mots de Puissance absoluë,
De Plein-pouvoir, *de* propre Mouvement :
*Aux Saints Décrets ils ont prémierement,
Puis à nos Loix, la Puissance tolluë.*²²⁶

„ Le Magistrat *Indien* ne s'exprime pas de cette maniere hautaine, mais il prie :

Le Magistrat vous en prie.

„ Expression, sans doute, bien honnête & bien prévenante. On ne doute pas,
„ que ceux qui n'aprouvent que ce qui se pratique en leur Païs, ne trouvent ridicule
„ cette coûtume de *Ternate* : à la bonne heure. Cela n'empêche pas que cet usage
„ ne soit très-judicieusement établi : La plûpart des Femmes ont de la pudeur, on
„ le sait bien ; elles n'osent solliciter leurs Maris ; quand ces sollicitations viennent
„ d'ailleurs, & sur tout de la part du respectable Magistrat, qui doute que cela ne
„ puisse produire un grand effet. Hélas ! on n'ignore pas de plus, que les Hommes
„ sont naturellement inclinez à se relâcher dans leurs devoirs les plus essentiels ;
„ de sorte qu'on a été obligé d'introduire les Sermons, les Exhortations..., qui
„ seroient l'inutilité même sans ce triste relâchement.

„ Une autre Remarque importante à faire, c'est que le sage Magistrat de *Ternate*
„ a bien compris que la Prosperité d'un Païs consiste dans la multitude de ses
„ Habitans : Ce que pourtant ne veulent pas comprendre la plûpart des Magistrats
„ de l'EUROPE, qui par leurs manieres Arbitraires, leurs Impôts excessifs apliquez
„ à leur usage particulier, Violences outrées, Persécutions odieuses.... font déserter
„ un nombre infini de leurs Sujets.

„ Quelques-uns, au reste, ont crû que ce *Clapperman* étoit payé par les Femmes
„ de *Ternate* : Mais non ; on peut assurer, après l'avoir bien examiné, qu'il est
„ payé par le seul Magistrat. On ne voudroit pourtant pas jurer, que dans certains
„ jours Solemnels, elles ne lui fassent quelque gratification pour boire, comme
„ c'est l'usage par tout par raport à certaines Gens.

„ On n'a parlé que de la Ville capitale : Cependant, le même usage est établi
„ dans les autres Villes, Bourgs & Villages de l'Ile.*²²⁷

* *HISTOIRE de la Conquête des* MOLUQUES, *Livre premier.*

---

²²⁶ 'Tollu' is the past participle of the verb *tollir*, meaning 'to remove something by force'.
²²⁷ *Le Passe-tems agréable* replaces this note with a phrase in the main text: 'comme on pourra s'en convaincre si on lit le 1. Livre de *l'Histoire de la Conquête des Moluques*' (pp. 155–56), whilst in the *Œuvres diverses* of Julien-Scopon the main text reads 'cependant, le même usage est établi dans les autres Villes, Bourgs & Villages de l'Ile, comme on peut s'en convaincre, si l'on prend la peine de lire le premier Livre de l'Histoire de la Conquête des MOLUQUES' and a different footnote is supplied: '*Voyez Tome I. page* 23. *de l'Edition d'Amsterdam* 1706' (p. 82). The text in question is *Histoire de la conquête des isles Moluques par les Espagnols, par les Portugais et par les Hollandois, traduite de l'espagnol d'Argensola* (Amsterdam: Jacques Desbordes, 1706). The author of the original text is the Spanish historian Bartolomé Leonardo de Argensola (1562–1631), whose *Conquista de las islas Molucas* was first published in 1609.

REMARQUES
De l'Auteur de la
BAGATELLE.

Je déclare au Public, que les critiques & les loüanges que la Piece, qu'on vient de voir, pourra s'attirer, ne seront pas sur mon Compte. Ce n'est pas moi, assurément, qui en suis l'Auteur : c'est un Homme d'une grande réputation sur le *Parnasse*.[228] Mes Lecteurs pourront se regler là-dessus, en prodiguant des loüanges à ce petit Ouvrage, s'il est de leur goût ; ou en le critiquant avec sagesse & avec modération, s'ils y trouvent des choses qui les choquent.

Je ne doute pas que des Gens, qui confondent la *Vertu* avec une certaine *Austerité d'humeur*, ne trouvent la Piece un peu *gaillarde* : Ils ont tort. Il s'agit ici de *l'état du Mariage*, qui, de l'avis de plusieurs personnes raisonnables, peut être nommé *Délicieux* ; mais qui ne sauroit gueres passer pour *gaillard*, que dans ses premiers commencemens. A cet état sont attachez certains devoirs que personne n'ignore, & l'on en parle ici sans affecter des expressions propres à exciter dans l'Esprit des Idées accessoires, dangereuses pour la Pudeur. Je l'ai déja dit autre part ; nous vivons dans un Siecle éclairé ; & dans nôtre Païs même, où jadis la Simplicité d'une Fille s'étendoit jusqu'à l'âge de 16. ou 18. Ans, il s'en trouve à présent fort peu, qui ayent atteint leur douzieme, en état d'apprendre quelque chose de nouveau, ou dans la Chanson, ou dans le Commentaire.

La seule découverte qu'elles y feront peut-être, c'est que l'ardeur des Amans est un feu trop vif & trop impétueux, pour être d'une longue durée ; & que les Maris sont des *personnages*, dont le *Caractère* se soutient assez mal : Découverte qui peut avoir son utilité pour la Jeunesse Féminine.

En voila bien assez pour défendre le petit Ouvrage en question, contre une Séverité mal entenduë ; laquelle pourra considerer encore, s'il lui plaît, que ce qui n'est pas trop *gaillard* dans l'*Histoire des Moluques*, ne sauroit l'être dans une *Bagatelle*.

The translator is not credited, but the fact that the text is preceded by a dedicatory epistle by the publisher Jacques Desbordes (1667–1718) makes him a possible candidate, although at no point does the epistle say unambiguously that he is writing as the translator and not just the publisher. The fact that Desbordes was another Frenchman living and working in the Netherlands presumably explains Julien-Scopon's reference to this specific edition.

[228] Parnassus is one of the mountains sacred to Apollo and the Muses. Whilst the stratagem of avoiding responsibility for a potentially controversial text of one's own by passing it off as being by someone else was widespread, the appearance of the main text in the collection of works by Julien-Scopon tends to confirm that in this instance van Effen's disclaimer is accurate.

Au reste, cette Piece m'a été envoyée de *Londres*, où elle a fait grand bruit : on dit même qu'on l'a traduite en *Anglois*.[229] Le Beau Sexe a l'imagination forte & vive, & mon Correspondant de ce Païs-là me mande, que plusieurs Dames, tant *Françoises* qu'*Angloises*, qui ont lû le *Clapperman de Ternate*, ne manquent pas de s'éveiller précisément à 5. heures du matin, croyant avoir l'oreille frappée du refrein de la Chanson *Indienne*.

> *Donnez des Citoyens à la chere Patrie :*
> *Le Magistrat vous en prie.*

Mais les pauvres Femmes s'éveillent en vain ; leurs Maris continuënt à ronfler, & elles se rendorment si elles peuvent.

Je dois avertir ici, que si je conviens avec l'Auteur de cette Piece, que le Magistrat de *Ternate* mérite d'être loüé de ses bonnes intentions ; je suis fort éloigné de son sentiment, par rapport à ce qu'il trouve de judicieux dans l'établissement de cette Coûtume.

Si ce *Clapperman* faisoit un pareil bruit dans les Ruës 3. ou 4. fois par An, la chose pourroit être de quelque utilité ; mais répeté tous les matins, ce Carillon ne signifie quoi-que ce soit au monde, & il devient très-incapable d'interrompre le Sommeil des Maris. On sait ce que c'est que l'*Habitude* ; elle ne fait pas la moindre impression.

Je ne vois pas par conséquent, que les Magistrats *Européens* feroient une fort bonne Oeuvre, en établissant de pareils Officiers dans nos Villes. Quand ils réüssiroient dans les commencemens, à tirer les Epoux de leur létargie ; ce seroit quelquefois un grand hazard, si c'étoit pour le profit de leurs Epouses.

---

[229] The claim that the text was sent to van Effen from London is given some credibility by his well known links with Britain and British literature, but both the attribution to Julien-Scopon and the close association in Holland between the Franco-Dutch circle of writers involved in its various appearances in print tend to discredit it. This suggests that, following van Effen's earlier statement that he did not write it, the claim is an attempt to put further distance between himself and a potentially controversial text. The assertion that the piece might have been translated into English could also represent an attempt to counter criticism by demonstrating that it is regarded as respectable in England. In the event, I have not been able to find a text in English with a similar title, and neither does the use of the qualification 'on dit même' inspire confidence in the claim. W. J. B. Pienaar, in his study of van Effen's links with England, rather high-mindedly dismisses both claims out of hand, but gives no evidence for his conclusion: 'The paper on the Clapperman of Ternate is the most objectionable one Van Effen ever allowed himself to write, and there is but small excuse for him to say: "cette Pièce m'a été envoyée de Londres, où elle a fait grand bruit; on dit même qu'on l'a traduite en anglois." There is a great deal of poetry which Van Effen has passed off on a long-suffering public' (see *English Influences in Dutch Literature and Justus Van Effen as Intermediary: an Aspect of Eighteenth Century Achievement* (Cambridge: Cambridge University Press, 1929), pp. 138–39). We may note Pienaar's assumption that van Effen is the author of the main text as well as the commentary (see note 228).

Hélas ! qui peut l'ignorer ? La Politesse des manieres, qui distingue si avantageusement l'*Europe* des autres Parties du Monde, a introduit, comme une Mode, le mépris de l'*Amour conjugal*. Dans nos Villes capitales, un Homme qui tient quelque rang parmi ses Citoyens, se croiroit deshonoré s'il ne préferoit pas aux Caresses légitimes de la plus aimable Femme, la Tendresse étudiée & artificielle de quelque Saloppe, dont tout le mérite est dans les Jambes ou dans le Gosier.[230]

J'ai vû quelquefois des Déesses de ce caractère, qui, au travers de leurs Ajustemens & de leur Fard, me paroissoient si affreuses & si dégoutantes, qu'en suivant l'instinct de la Nature, un Homme un peu délicat voudroit à peine s'y abandonner pour se racheter de la Potence.

Cependant, à *Paris*, à *Londres* &c., un Homme de qualité, qui aime un peu sa Réputation, doit de nécessité se pourvoir d'un pareil *Meuble usé, à la Fripperie aux Femmes* ; je veux dire, à la *Comedie*, ou à l'*Opera*.

---

[230] A reference to the fact that, as is suggested in the final paragraph, the mistresses of men of high rank were traditionally said to be dancers or singers at the Opéra, or actresses.

SELECT BIBLIOGRAPHY

APULEIUS, LUCIUS, *The Transformations of Lucius, Otherwise Known as the Golden Ass*, trans. and ed. by Robert Graves (Harmondsworth: Penguin, 1950)

Ballard, Jean-Baptiste-Christophe, ed., *La Clef des chansonniers; ou, recueil des vaudevilles depuis cent ans et plus*, 2 vols (Paris: Ballard, 1717)

BARTHÉLÉMY, MAURICE, 'Alexis Piron et l'opéra-comique', in *Grétry et l'Europe de l'opéra-comique*, ed. by Philippe Vendrix (Liège: Mardaga, 1992), pp. 191–200

BOISSY, LOUIS DE, *L'Élève de Terpsicore; ou, le Nourrisson de la satyre* (Amsterdam: Balthazar Tromp, 1718)

CHAPONNIÈRE, PAUL, *Alexis Piron, sa vie et ses œuvres* (Geneva: Imprimerie du Journal de Genève, 1910)

CHARLTON, DAVID, *Popular Opera in Eighteenth-Century France: Music and Entertainment before the Revolution* (Cambridge: Cambridge University Press, 2022)

CONNON, DEREK, *Identity and Transformation in the Plays of Alexis Piron* (London: Legenda, 2007)

——, 'Music in the Parisian Fair theatres: medium or message?', *Journal for Eighteenth-Century Studies*, 31 (2008), 119–35

——, 'Scène et salle dans le théâtre forain', in *La Scène, la salle et la coulisse dans le théâtre du XVIIIe siècle en France*, ed. by Pierre Frantz and Thomas Wynn (Paris: PUPS, 2011), pp. 59–68

——, and GEORGE EVANS, eds, *Anthologie de pièces du 'Théâtre de la Foire'* (Egham: Runnymede, 1996)

Democritus minor (De vrolijke kluizenaar), 'Klappen voor de huwelijksplicht' <democritus.be/444289612> [accessed 11 January 2022]

EFFEN, JUSTUS VAN, *La Bagatelle*, 13 June 1718, in *La Bagatelle; ou, Discours ironiques*, 3 vols (Amsterdam: Michel Charles Le Cène, 1719), I, 89–96

GHERARDI, ÉVARISTE, *Le Théâtre italien*, 6 vols (Paris: Jean-Bapt. Cusson et Pierre Witte, 1700)

Histoire de la conquête des isles Moluques par les Espagnols, par les Portugais et par les Hollandois, traduite de l'espagnol d'Argensola (Amsterdam: Jacques Desbordes, 1706)

Histoire et recueil des Lazzis, ed. by Judith Curtis and David Trott, Studies on Voltaire and the Eighteenth Century, 338 (Oxford: Voltaire Foundation, 1996)

ISHERWOOD, ROBERT M., *Farce and Fantasy: Popular Entertainment in Eighteenth-Century Paris* (New York: Oxford University Press, 1986)

JULIEN-SCOPON, PIERRE DE, *Œuvres diverses de Mr. de Julien Scopon* (The Hague: Charles Le Vier, 1728)

LESAGE, ALAIN-RENÉ, JACQUES-PHILIPPE D'ORNEVAL, and DENIS CAROLET, eds, *Le Théâtre de la Foire; ou, L'Opéra comique*, 10 vols (Paris: Étienne Ganeau, Pierre Gandouin, Prault fils, 1721–37)

LULLY, JEAN-BAPTISTE, and PHILIPPE QUINAULT, *Phaëton* (Paris: Christophe Ballard, 1683)

LURCEL, DOMINIQUE, ed., *Le Théâtre de la Foire au XVIIIe siècle* ([Paris]: Union Générale d'Éditions, 1983)
MARTIN, ISABELLE, *Le Théâtre de la Foire: des tréteaux aux boulevards*, SVEC, 2002: 10 (Oxford: Voltaire Foundation, 2002)
MATTAUCH, HANS, 'Le Mirliton enchanteur: historique d'un mot à la mode en 1723', *Revue d'histoire littéraire de la France*, 101 (2001), 1255–67
NELL, SHARON DIANE, 'Trading Places: Dialogical Transvestites and Monological Gender Politics in Alexis Piron's *Tirésias* and *La Métromanie*', *European Studies Journal*, 17–18 (2000–2001), 131–46
PARFAICT, FRANÇOIS, and CLAUDE PARFAICT, *Mémoires pour servir à l'histoire des spectacles de la Foire par un acteur forain*, 2 vols (Paris: Briasson, 1743)
Passe-tems agréable; ou, Nouveau Choix de bons-mots, pensées ingénieuses, rencontres plaisantes, gasconnades, &c., Le, 4th edn, ed. by Pierre Cartier de Saint Philip, 2 vols (Rotterdam: Jean Hofhout, 1724)
PIBRAC, GUY DU FAUR, SEIGNEUR DE, *Les Quatrains du seigneur de Pybrac, conseiller du Roy en son conseil privé* (Paris: Abraham de Meaux, 1612)
PIENAAR, W. J. B., *English Influences in Dutch Literature and Justus Van Effen as Intermediary: an Aspect of Eighteenth Century Achievement* (Cambridge: Cambridge University Press, 1929)
PIRON, ALEXIS, *'L'Antre de Trophonius' et 'La Robe de dissention, ou le faux-prodige'*, ed. by Derek Connon, MHRA Critical Texts, Phoenix, 2 (London: Modern Humanities Research Association, 2011)
——, *Complément de ses œuvres inédites*, ed. by Honoré Bonhomme (Paris: Sartorius, 1866)
——, *Le Fâcheux Veuvage*, ed. by Derek Connon, Liverpool Online Series, 13 (Liverpool: University of Liverpool, 2008) <https://www.liverpool.ac.uk/media/livacuk/modern-languages-and-cultures/liverpoolonline/Piron.pdf> [accessed 11 January 2022]
——, *Œuvres complettes d'Alexis Piron*, ed. by Jean Antoine Rigoley de Juvigny, 7 vols (Paris: Lambert, 1776)
——, *Œuvres complètes illustrées de Alexis Piron*, ed. by Pierre Dufay, 10 vols (Paris: Guillot, 1928–31)
ROBINSON, PHILIP, 'Les Vaudevilles: un médium théâtral', *Dix-huitième siècle*, 28 (1996), 431–47
ROOSBROECK, GUSTAVE L. VAN, 'The Source of Piron's *Clapperman*', *Neuphilologische Mitteilungen*, 26 (1925), 233–37
RUBELLIN, FRANÇOISE, 'Lesage parodiste', in *Lesage, écrivain (1695–1735)*, ed. by Jacques Wagner, Faux Titre, 128 (Amsterdam, Atlanta: Rodopi, 1997), pp. 95–123
SADLER, GRAHAM, 'Rameau, Piron and the Parisian fair theatres', *Soundings*, 4 (1974), 13–29
SCOTT, VIRGINIA, *The 'Commedia dell'Arte' in Paris, 1644–1697* (Charlottesville: University Press of Virginia, 1990)
TRUCHET, JACQUES, ed., *Théâtre du XVIIIe siècle*, 2 vols ([Paris]: Gallimard, 1972–74)
VENARD, MICHÈLE, *La Foire entre en scène* (Paris: Librairie Théâtrale, 1985)
VENETTE, NICOLAS, *De la generation de l'homme, ou tableau de l'amour conjugal* (Cologne: Claude Joy, 1696)

——, *Tableau de l'amour consideré dans l'état du mariage* (Parma: Franc d'Amour, 1687)

VERÈB, PASCALE, *Alexis Piron, poète (1689-1773); ou, la difficile condition d'auteur sous Louis XV*, Studies on Voltaire and the Eighteenth Century, 349 (Oxford: Voltaire Foundation, 1997)

www.ingramcontent.com/pod-product-compliance
Lightning Source LLC
Chambersburg PA
CBHW071509150426
43191CB00009B/1455